LA FEMME DEVANT LES URNES

DU MÊME AUTEUR

Un Problème féminin. **Apprendre à vouloir**, 2e édition.
1 volume in-16 . . . . **3 fr. 50**

MARGUERITE-AUGUSTIN FÉRAUD

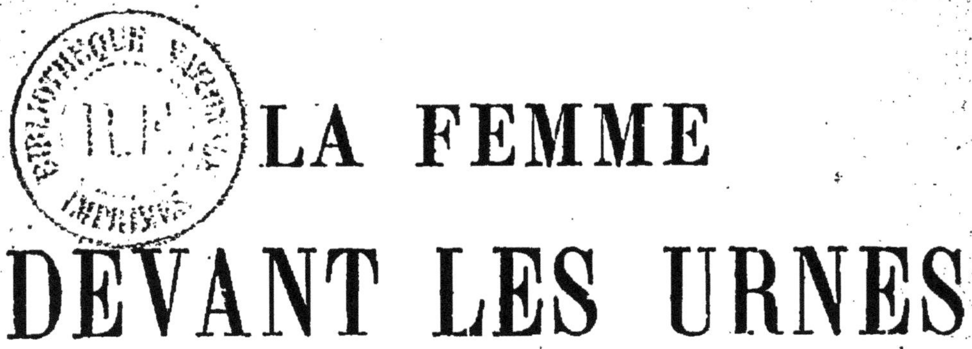

LA FEMME DEVANT LES URNES

PRÉFACE

DE

GEORGES GOYAU

PARIS

LIBRAIRIE ACADÉMIQUE

PERRIN ET Cie, LIBRAIRES-ÉDITEURS

35, QUAI DES GRANDS-AUGUSTINS, 35

1919

AVANT-PROPOS

Mme Féraud intitulait le premier de ses livres : *Un problème féminin : apprendre à vouloir*. Aujourd'hui, précisant et développant l'apprentissage, elle met les femmes françaises en présence d'une obligation prochaine, qui attire les unes, qui inquiète les autres, mais qui pour toutes s'imposera : l'obligation d'exprimer officiellement leur volonté pour le fonctionnement de la cité. Ce devoir tout neuf pour elles, et qui dès le lendemain de la guerre les chargera peut-être d'une flatteuse responsabilité, comporte une éducation de l'esprit et une éducation de la conscience : il faut qu'il soit assez clairement compris, assez sérieusement pratiqué, pour acquérir la portée d'un acte moral et social. Voilà la pensée maîtresse dont s'inspire la nouvelle œuvre de Mme Féraud. On reconnaîtra que cette pensée valait un livre, et que pour étudier les répercussions de la volonté féminine dans la vie publique, aucune plume n'était mieux qualifiée que celle qui, dans ses pages précédentes, avait su rendre à cette volonté, en la distinguant d'avec le caprice, une sereine et pleine maîtrise.

Une arme est en train de se forger, qui sera à la disposition de toutes les âmes féminines, et dont elles pourront se servir pour améliorer la situation morale et matérielle du pays, ou bien pour l'empirer. Voilà le fait, et les femmes qui diront : « De ce nouveau droit nous n'avons cure, » et qui, dédaigneuses, resteront sous leur tente — sous cette tente menacée peut-être par les lois du lendemain, ces femmes-là ne feront pas leur devoir. Car elles posent fort mal la question, si elles considèrent le droit qui va leur être conféré comme un cadeau qu'elles peuvent accepter ou refuser et si d'avance, faisant les renchéries, elles se targuent de n'avoir pas besoin d'un pareil cadeau. Il ne s'agit pas ici d'une donation qu'elles sont libres de répudier, mais d'un terrain d'action sur lequel elles sont appelées. J'admets que leur modestie puisse être choquée par l'étalage un peu bruyant que font des droits de la femme certaines plumes féministes; mais je n'admets pas que leur modestie les induise en paresse et les amène à décliner ou à trahir les fonctions nouvelles qui seront la conséquence de ces droits nouveaux. Car ce qui est en jeu, c'est l'exercice d'une fonction, et de la façon dont elle sera remplie, ou bien négligée, dépendront les vicissitudes ultérieures de la vie du pays, de cette vie qui encadre et commande leurs propres vies.

Quelques-unes diront peut-être, avec cet esprit de stérile bouderie qui est tout près d'être un péché : « Le suffrage des femmes est une aggravation du suffrage universel, Dieu nous garde de nous y associer ! Le suffrage des femmes est une innovation révolutionnaire ; nous ne saurions en être les complices. » Mais parlant de la sorte, elles méconnaîtront, tout à la fois, les réalités du passé et celles de l'avenir. Est-ce une voix d'excentrique, une voix de fou, — demande, pour le passé, l'historien Paul Viollet — cette voix du XIIIe siècle qui préconise les concessions des droits électoraux aux femmes ? Mais non, c'est la voix d'un sage canoniste, qui gouverne la chrétienté, le pape Innocent IV[1].

1. Paul Viollet. *Histoire des institutions politiques et administratives de la France*, II, p. 3, Paris, 1898.

Nous voyons, dans certaines contrées, la femme du moyen âge jouir des droits électoraux ; et nous voyons inversement, quelques siècles plus tard, une assemblée de députés supprimer un jour, d'un vote brutal, tous les clubs de femmes et toutes les sociétés de femmes ; et cette assemblée, c'est la Convention[1]. Ce serait une étrange manie, de renouveler à l'endroit du suffrage des femmes, l'erreur naguère commise à l'endroit du mouvement syndical, et d'oublier quels points d'attache et quelles satisfactions légitimes trouvent dans le moyen âge chrétien les plus fiévreuses de nos aspirations contemporaines. Au lieu de tenter, bien vainement d'ailleurs, de leur barrer la route, ne serait-il pas préférable de leur représenter que déjà certaines routes leur étaient ouvertes, au

1. Buisson. *Rapport sur la proposition tendant à accorder le droit de vote aux femmes*, p. 10, Paris, 1910.

temps où la civilisation chrétienne régnait sur les États? Notre esprit de tradition ne doit jamais nous servir à enrayer le progrès, mais bien plutôt à le baptiser; seul, un faux conservatisme peut répudier comme des nouveautés certaines initiatives ou certaines institutions dont nous retrouvons les précédents ou les racines dans le passé médiéval.

Mais trêve aux reproches : j'essaie de me mettre, pour un instant, dans cet état d'esprit dont je redoute tant les fâcheuses conséquences; et j'entrevois, à l'origine, certaines amertumes profondes, longuement accumulées, contre cette expérience politique qui s'appelle le suffrage universel. Admettons tout de suite — c'est trop évident — que beaucoup de ces amertumes sont fondées; mais de quel droit augurent-elles, avec un pessimisme désespéré, que les urnes seront plus nocives encore, du jour où des mains de femmes y glisseront des bulletins? Prêtons l'oreille à certains des arguments qu'exposent les plus sages partisans du suffrage féminin ; je ne m'occupe ici que de ceux-là. Ils expliquent qu'il est anormal qu'un foyer que la guerre a privé de son chef et dont la femme, depuis quatre ans déjà, gère toute seule les destinées, soit pendant quinze ou dix-huit ans encore, le père étant mort et la femme ne pouvant voter, frappé d'une sorte de déchéance civique. Ils expliquent qu'il est anormal que la femme sur la tête de laquelle reposent de sérieux intérêts économiques soit exclue de toute influence sur les décisions politiques, dont ces intérêts peuvent bénéficier ou pâtir. Ils expliquent qu'il est anormal que l'ouvrière, que l'employée, soient dans le domaine économique considérées comme des majeures, admises à voter dans leurs syndicats professionnels, admises à désigner les membres des juridictions professionnelles, et que d'autre part elles soient, dans le domaine politique, traitées toujours en mineures. Ils expliquent enfin qu'il y a certaines lois qui mettent en émoi, très directement, les susceptibilités des consciences, et que du jour où l'on reconnaîtrait équitable de soumettre de telles improvisations parlementaires à la sanction d'un referendum populaire, il serait anormal et presque inique de refuser aux consciences féminines le droit de dire, elles aussi, par cette voix du *referendum*, ce qu'elles pensent et ce qu'elles veulent, et le droit de donner à leurs convictions religieuses une expression et une sanction.

Regardons d'un peu près ces diverses explications : elles visent à l'établissement d'une représentation des intérêts, à l'organisation d'une représentation professionnelle, à l'avènement d'un régime dans lequel le peuple pourrait être appelé à voter pour ou contre des idées, réellement, directement, et non plus seulement à choisir des mandataires ; elles se rattachent à tout un système de réformes politiques qui visent à la réorganisation du suffrage universel et qui poursuivent l'établissement d'une représentation populaire plus sincère et plus adéquate, plus authentiquement issue de cet ensemble de forces collectives dont le labeur commun produit la vie nationale. Et le vote féminin, ainsi considéré, devient un détail — mais un détail indispensable — dans cet ensemble de réformes qui doivent arracher le suffrage universel à son état de désorganisation ; il n'est qu'une application des mêmes principes qui dans certains pays ont suscité l'établissement du vote plural ou du vote familial ; il n'est qu'une étape vers l'avènement d'un peu plus de clarté, d'un peu plus de limpidité, d'un peu plus de vérité, dans l'épanouissement général de la volonté nationale.

Mais s'il en est ainsi, pourquoi s'effacer ou pourquoi persifler? Et pourquoi déclarer, d'avance, qu'on ne prêtera pas son concours à la France dans cette nouvelle étape d'efforts vers le mieux? Est-ce patriotique? est-ce sensé? Ce scepticisme s'accorde-t-il avec l'acte de foi, avec l'acte d'espoir qu'ont accompli, en s'offrant aux coups de l'ennemi et parfois en y succombant, les maris et les fils? Et suffira-t-il aux femmes, qui survivent et qui pleurent, de garder pieusement dans des oratoires bien clos les reliques de ces morts? Elles tiennent de ces morts un tout autre héritage : des idées à défendre, des traditions à sauvegarder, des lumières à perpétuer ou à ranimer; et ces idées, ces traditions, ces lumières, sont à la merci des coups de vent de la politique. Et lorsqu'on leur demandera pour ou contre ces idées, pour ou contre ces traditions, pour ou contre ces lumières, l'emploi de leur bulletin de vote, c'est la mémoire même des morts qui leur interdira de garder cette arme au fourreau.

Une telle heure sonnera, plus proche sans doute qu'on ne le pense ; et ce jour-là, les femmes les plus hostiles au suffrage féminin ne songeront plus à railler. Des regrets, au contraire, s'élèveront en elles, et Dieu veuille que ces regrets n'expirent pas en angoisses ! Soudainement elles se sentiront mal préparées, mal organisées ; elles chercheront leur programme, leurs cadres ; tout les prendra au dépourvu. C'est pour leur éviter de pareilles mésaventures que Mme Féraud leur dédie son livre. Elle ne les pousse pas vers l'agitation bruyante, mais elle les invite à un discret travail de préparation ; elle les sollicite au recueillement laborieux, dans lequel l'action se mûrit et s'ébauche. Elle voudrait que dès maintenant elles fussent comme les novices de cette vie civique dont leur conscience intime, plus tard, leur prohibera de s'abstenir. Elle est une maîtresse des novices à laquelle je souhaite beaucoup d'élèves, dans l'intérêt de la France.

Georges Goyau.

LA FEMME DEVANT LES URNES

CHAPITRE PREMIER

LE FAIT NOUVEAU

A notre époque, où les gigantesques événements de la guerre mondiale ont précipité le cours des existences humaines et les crises qui bouleversent les empires, la marche des idées ne ressemble guère à ce qu'elle était autrefois, mais elle participe à l'agitation universelle. Tant de combats se sont livrés pour des faits, dont l'enjeu est la vie même des nations, qu'il semble ne plus rester de place dans cette même vie pour la discussion, peut-être même pour la réflexion qui doit mûrir les changements et élaborer les lois : si bien qu'on en arrive à la conclusion sans avoir achevé de poser entièrement les prémisses, et que les solutions paraissent s'imposer *a priori*, au lieu d'être le fruit des études, des raisonnements et des enquêtes approfondies.

Il en est ainsi de la question du suffrage des femmes, et il est fort possible qu'elle soit résolue à leur profit avant que la grande majorité des Françaises sache qu'il s'agit de mettre entre leurs mains ce hochet à la fois absurde et redoutable qui s'appelle le suffrage universel inorganisé; possible aussi qu'elles perdent un temps précieux à prendre parti pour ou contre l'opportunité du cadeau, bien longtemps après qu'il aurait fallu tout simplement s'en servir.

Cependant M. Siegfried, en ouvrant, comme président, l'une des récentes sessions de la Chambre française, a réclamé dans son grand discours « que le bulletin de vote soit donné aux femmes pour leur admirable attitude pendant la guerre »[1].

Presque au même moment, la Chambre des Lords repoussait par 131 voix contre 71 un amendement qui tendait à rayer du projet de loi électorale, voté par les Communes, toutes les dispositions relatives au suffrage des femmes. Voici donc six millions de femmes électrices en Angleterre et la réforme accomplie : que l'un des orateurs a qualifiée « d'expérience gigantesque sans précédent au cours de l'histoire d'Angleterre; et même, il est permis d'ajouter, au cours de l'histoire du Monde ».

Enfin, par une frappante coïncidence, ce même jour voyait se produire un fait analogue de l'autre côté de l'Atlantique. La Chambre des représentants du congrès, à Washington, a adopté un amendement à la Constitution fédérale tendant à admettre le

1. Rentrée des Chambres le 8 janvier 1918.

suffrage des femmes de l'U. S. A. Il est vrai que ce droit est acquis déjà dans plusieurs États : depuis 1869, dans le Wyoming: depuis 1893, dans le Colorado; depuis 1896, dans l'Utah et dans l'Idaho; depuis 1910, dans le Washington. Nous ne parlons que pour mémoire des États où le suffrage municipal seul a été donné en tout ou en partie aux Américaines. Ainsi donc le vote des femmes, dans les trois grands pays si glorieusement alliés, est à peine une affaire de temps et de peu de temps.

Mais il est déjà acquis complètement en matière politique en Finlande, en Australie, en Nouvelle-Zélande. De plus, dans une grande quantité d'autres contrées, les femmes votent pour les affaires municipales, les conseils d'Assistance et de travail, comme pour l'application de certaines mesures fiscales.

Ce grand mouvement déjà consacré par le succès, a été longuement préparé et excité. Si on désire l'étudier et s'en rendre compte en détail, nous renverrons aux livres de Mme Alice Zimmern[1], de M. le professeur Reuterskioeld[2] et de M. Ferdinand Buisson[3]; ce dernier très documenté pour ce qui regarde la France. Ce qu'on ne verra pas cependant dans ce remarquable travail, c'est l'explication de la mentalité des Français et des Françaises par rapport au suffrage des femmes ; les uns et les autres paraissent s'en soucier très médiocrement et cela s'explique du côté masculin par la peur d'un changement dans le classement des partis, la peur du fameux péril clérical et toutes sortes de peurs irraisonnées; du côté des femmes, par les résultats médiocres que le S. U. a produit pour les hommes jusqu'ici et pour elles par les hommes. « Il est inouï, diront-elles, qu'au xxe siècle, je sois encore toute ma vie traitée en mineure

1. *Librairie des sciences politiques et sociales.* Rivière et Cie, 1911.

2. *Krunens politika Rocstret,* Upsalo, 1911.

3. Dunod et Pinat, 1911.

et que l'infidélité de mon mari ne soit pas punie comme la mienne. » Elles ne se préoccupent donc pas autrement d'obtenir un bulletin de vote, pensant avoir bien d'autres revendications à formuler; elles redoutent par-dessus tout le ridicule auquel les suffragistes de notre pays, depuis Olympe de Gouges jusqu'aux plus modernes socialistes, n'ont certainement pas échappé.

Il importe de ne pas exagérer cette appréhension. Faisons au contraire, pour les préjugés, ce qu'on fait faire aux enfants qui ont peur pour les objets qui les effraient : regardons-les en face, touchons-les du doigt.

Préjugé donc, que cette peur excessive du ridicule.

Préjugé que cette attitude de certains hommes et même de certaines femmes à l'égard du caractère et de la capacité des femmes. On s'exclame, on rit, on lève les épaules, on ne raisonne pas.

Préjugé que de faire intervenir la question

religieuse dans la question du suffrage des femmes. On ne manquera pas de nous objecter au cours de cette étude, que ce qui est juste des États-Unis, de l'Angleterre et des Colonies anglaises, ne l'est plus quand on parle des pays de race latine. « Les pays dont vous parlez, nous dira-t-on, sont des pays protestants; la majorité des latins, la majorité en France est de la religion catholique. Or, la religion catholique prépare mal à des responsabilités et n'admet guère l'émancipation de la femme; bien plus elle la soumet à une direction qui, si vous lui donnez le suffrage, mettra le bulletin de vote entre les mains de son confesseur. »

M. Poulpiquet dans sa thèse de doctorat[1] répond ainsi à Alfred Fouillée qui plaidait en ce sens : « Le prêtre a autre chose à faire que de s'occuper de politique et c'est singulièrement le calomnier ou abaisser son rôle de

1. 1912. Arthur Rousseau.

croire qu'il passera son temps à faire campagne auprès des femmes pour tel ou tel candidat ». Quant à nous, nous nous inscrivons en faux contre ces propositions qui ne peuvent être formulées que par des personnes (de si bonne foi qu'on les suppose) qui connaissent mal la religion catholique et n'ont pas pour leur compte, la pratique de la confession. Nous estimons que le fait indéniable de l'affranchissement plus rapide des femmes dans certaines contrées protestantes, tient à diverses causes, qui n'ont, *pour la plupart, rien à voir avec les questions religieuses*. Si nous disons « pour la plupart », c'est qu'il y a un cas particulier dans les pays scandinaves. Là, les pasteurs luthériens se sont mêlés du mouvement, non pour le favoriser, mais pour le combattre ; ils ont même pris une attitude si hostile aux progrès féminins, soit pour l'instruction, soit pour les autres émancipations que les femmes réclamaient, que toutes ces questions se sont orientées du côté areligieux, du côté même irréligieux. L'acuité de cette lutte a été un élément de succès pour les femmes, ce qui est d'ailleurs regrettable.

Dans aucun autre pays, au moins jusqu'à présent, la question religieuse ne paraît s'être mêlée à celle des libertés féminines ni du suffrage des femmes. Le génie de la race anglo-saxonne, son caractère, les institutions vraiment libérales dont la patrie originelle de cette race a le privilège, sont la vraie cause des résultats obtenus par elle et dont les femmes de ces contrées savent et sauront user, comme le font déjà si sagement leurs concitoyens de droits analogues.

Si l'on veut une preuve de ce que nous avançons ici, il est facile de se rendre compte de l'état de la question dans toute l'Allemagne, pays incontestablement protestant. Tout le monde sait en quelle estime la *Kultur* tient les facultés intellectuelles de la femme et de quelles libertés elle compte récompenser son dévouement au *Feldgraü* : l'église, la cuisine, les enfants, tout au plus, est-elle bonne pour cela! Si, dans quelques communes on lui accorde ou on lui laisse un semblant de vote par procureur, ce procureur ne peut être que le mari, le père, le frère, le fils ou le gendre de la *Frau* électrice. Bien davantage, Poulpiquet nous affirme que le droit germanique permet au mari de traiter sa femme comme une chose à vendre, de l'offrir à ses hôtes, de la léguer par testament[1].

Dans les pays de race latine, des causes diverses ont amené des mouvements tout aussi divers. En Espagne, où les mœurs arabes ont laissé les traces profondes qui influent encore sur la condition actuelle des femmes et sur leur mentalité, les mouvements d'émancipation sont presque nuls. En Italie, ils partent de très haut; les grandes dames, dans les situations les plus élevées,

1. Droit anciennement appliqué mais pas abrogé en fait. Poulpiquet, *Thèse de doctorat*, 1912. Arthur Rousseau.

déclarent ne rien désirer au delà de leur condition présente, mais elles s'apitoient, d'ailleurs avec les plus justes raisons, sur le sort des femmes de leur peuple et réclament pour celles-ci des droits et des moyens de défense dont elles reconnaissent ne pas avoir besoin pour elles-mêmes. Car les hommes du bas peuple italien, comme ceux de la même classe dans une partie du midi de la France font peu de cas de la femme. On connaît le proverbe provençal : « leï frumo non soun gens » *les femmes ne sont pas des personnes!* Il se double d'un proverbe italien dont voici l'exacte traduction : « Qui perd sa femme et ses écus, c'est bien dommage pour l'argent. »

Si, en France, le mouvement est très avancé et sur le point d'aboutir, cela tient aussi à des raisons de plusieurs sortes ; et qui, agitées en divers sens, finissent par converger vers le même but. La dureté du Code Napoléon pour la femme, l'évolution des problèmes sociaux dans une société de plus en plus démocratique, me paraissent être de ces raisons ; mais il y en a d'autres, et des évidences qui apparaissent aux yeux des hommes de bonne foi, telle que celle-ci, que la guerre a mise en lumière. Pendant que les questions de salaires s'agitent dans les syndicats, que la compétence professionnelle des femmes qui travaillent s'affirme de plus en plus dans les usines et les ateliers, celles des travailleuses qui n'aiment pas les moyens violents, sentent combien elles perdent de leurs avantages pour les réclamations paisibles à n'être pas électeurs; tandis que les femmes des classes cultivées qui ont particulièrement souffert de la légèreté avec laquelle sont traitées dans les sphères parlementaires leur conscience, leurs intérêts, les lois de la morale et de l'hygiène, commencent à désirer un moyen d'intervenir.

Si bien que la question, posée d'abord dans des milieux de mentalité d'avant-garde, préoccupe maintenant les personnes les plus dignes de l'examiner et de la résoudre.

Le droit des femmes au suffrage universel qui n'avait trouvé depuis Condorcet que des avocats assez étranges, tels que les Fouriéristes et les Saint-Simoniens, Victor Considérant sous la deuxième République, trouve cependant, dès cette époque, des rapporteurs aussi sages que M. le comte d'Aulan[1] pour donner les raisons du vœu favorable que venait d'émettre le Conseil général de la Seine : « J'estime que les femmes qui gèrent des intérêts de propriété ou de commerce ont droit à donner leur opinion sur la façon dont nous gérons les intérêts de la ville ou du département. »

De nos jours, sous la troisième République, les Conseils généraux de la Somme, du Gers, du Finistère, de la Seine-Inférieure, émettent des vœux en faveur de l'électorat des femmes

1. Il disait à la Constituante (1848) que, avec une Constitution qui admet le vote des mendiants et des domestiques, il est inconséquent de ne pas l'admettre pour les femmes.

et de la loi[1] que M. Dussaussoy avait fait approuver à l'unanimité par la Commission du suffrage universel (1907, 1910, 1912). Cette année même, 1918, M. Louis Marin s'est fait au Sénat l'avocat du suffrage des femmes et l'a réclamé pour elles dans une mesure infiniment plus large que celle du projet Dussaussoy.

Il est donc grand temps pour les femmes de se mettre au courant de la question et de voir dans quels termes elle se pose. Il me semble qu'elles y arriveront d'autant mieux que, tout en tenant compte des contingences et des faits que nous venons d'exposer, elles voudront bien tâcher de connaître et pour cela d'étudier, après ce que les femmes qui l'ont obtenu ont fait du droit de suffrage, ce que les femmes françaises en feront si on le leur donne à l'avenir.

1. Le projet Dussaussoy admet les femmes à concourir à l'élection des membres des Conseils municipaux et d'arrondissement et des Conseils généraux dans les conditions fixées par la loi pour tous les Français (1906).

CHAPITRE II

UN PEU D'HISTOIRE

I

Contrairement aux idées universellement répandues sur notre terre de France, au moyen âge, le Christianisme dans sa fleur avait tellement relevé et ennobli la condition de la femme que le droit de suffrage lui était acquis ; nous en trouvons de curieuses et ingénieuses applications. Nos archives portent qu'à Beaumont-sur-Argonne, les femmes dont le mari était absent, les veuves et les femmes tenant ménage étaient admises à prendre part aux conseils de la paroisse. A Cauterets-les-Bains, nous voyons qu'au milieu de l'Assemblée des hommes et des femmes de l'endroit, une Gailhardine de Fréchou soutient avec éclat un avis hostile à celui de la majorité.

Des pièces que l'on possède encore sur ces temps reculés, il paraît bien que le suffrage des femmes a été exercé dans un grand nombre d'assemblées municipales ; des auteurs dignes de foi font allusion à leur participation à diverses élections soit dans la commune, soit même aux États Généraux, par exemple à ceux de Tours en 1308.

Ceci n'est pas étonnant. L'Église ne s'opposait pas au suffrage des femmes. Au XIIIe siècle, Innocent IV, commentant les Décrétales, concédait les droits électoraux à tous les êtres humains, âgés de plus de quatorze ans, qu'ils soient hommes ou femmes, et que celles-ci soient veuves, mariées ou célibataires. Ces droits, le plus souvent individuels au début, paraissent avoir graduellement et de plus en plus cessé de l'être pour demeurer plutôt attachés à la propriété qu'à la personne. C'est comme possesseur de fief que, aux États Généraux du Limousin (1486) figure parmi les nobles Mlle Dorval, et que Mme de Sévigné siège aux États de Bretagne. Ce droit des femmes à représenter leurs intérêts dans les Assemblées a persisté jusqu'à la Grande Révolution et dans le règlement du 24 janvier 1789, article 20, il est reconnu même « aux femmes possédant divisément, veuves et filles de la noblesse pour la nomination des États Généraux ». Il est vrai que ce droit doit être exercé par procureur.

Les actes dans lesquels les femmes sont intervenues et dont nous retrouvons la trace sont sages et universellement réputés tels. Des exemples le prouvent. En 1202, la reine de France Ingelburge est nommée arbitre entre deux couvents, et sa sentence est confirmée par le pape Innocent III. En 1315, Mahaut, comtesse d'Artois siège, nous dit-on, à son honneur, parmi les pairs et onze autres grands seigneurs. A diverses époques, on réclame la présence des femmes dans les assemblées des Communes, et on tient à leur faire signer les procès-verbaux, en quelque qualité qu'elles interviennent, le plus fréquemment, comme veuves nobles chefs de famille, ou comme marchandes, à titre de notables.

Enfin les femmes ont exercé à leur honneur la plus haute fonction politique qui puisse exister dans un royaume après la royauté elle-même. Sans parler des pays qui nous sont étrangers, les régences de Blanche de Castille, d'Anne de Beaujeu, d'Anne d'Autriche ont égalé les gouvernements de nos meilleurs souverains.

Dans le passé donc, dans celui de notre pays, les femmes se sont servies des pouvoirs qu'il leur a été permis d'exercer, pour le plus grand bien des intérêts qui leur étaient confiés ou qu'elles représentaient légalement. On ne s'est pas plaint de leur action, et il ne paraît pas qu'elle ait nui à l'accomplissement de leurs devoirs. Cependant, après les temps médiévaux, cette action est de moins en moins fréquente, de plus en plus limitée. La résurrection du droit romain amenée par le grand mouvement de la Renaissance n'est pas étrangère à une réaction que la Réforme devait accentuer encore. Cette Réforme qui prétend délivrer les religieuses de la claustration, l'impose à la femme mariée; elle s'inspire surtout de l'Ancien Testament qui commence par la chute et la malédiction divine sur la tentatrice. La femme, disent les réformateurs, a été soumise à l'homme par cette volonté divine qui la châtie. C'est une marque indélébile qui est sur elle et que Luther lui rappelle sans cesse : « elle doit », lui dit-il, « écouter, craindre et se taire »[1], « elle n'a d'autre office que de rendre toujours commode et par instants agréable à

1. Vigor honorare debeat mulier, timore et audire. (*Luther*, *Œuvres*, t. I, p. 23. Ed. Witerbergaeper Johannem Lufft.)

l'époux auquel elle a été donnée, la vie matérielle ». Comment l'admettrait-on à discuter avec lui, à voter à côté de lui ? et la diminution des droits de la femme, leur suppression même, s'accentue à mesure que s'établit et que se constitue définitivement un pouvoir absolu et centralisé, à mesure que deviennent toujours plus rares les consultations et les appels au suffrage, même masculin. Plus tard la sauvagerie et la dureté des mœurs révolutionnaires ont achevé ce que tant de causes générales avaient préparé : l'abolition des droits des femmes dans la vie publique.

II

Avec les temps modernes, le mouvement enrayé a repris ; les droits de suffrage des femmes leur ont été attribués de bien des manières et dans bien des contrées ; comment s'en sont-elles servi ?

Si dans le passé elles n'en ont pas fait mauvais usage, il paraît bien qu'elles en font aussi un bon emploi là où elles ont maintenant à l'exercer. Non seulement elles ont défendu constamment et vaillamment leurs intérêts pécuniaires et moraux dans un but personnel, mais elles ont étendu leur action en faveur de la législation sociale et familiale. On ne les a guère vues nulle part se mêler activement aux luttes des partis, mais elles se sont préoccupées de fixer avec justice le taux des salaires, de protéger le travail des enfants, de supprimer la prostitution et la traite des blanches, de faire des lois sur la vente de l'alcool.

Les craintes de certains pessimistes ne se sont pas réalisées. Les femmes n'ont pas déserté leur foyer; elles s'en sont occupées plus activement au contraire, ayant compris quels liens étroits unissent les affaires de l'État et la condition de la famille, et la politique n'est pas devenue une cause de division dans cette famille. En Australie, en Norvège, etc., dans les pays où les femmes votent, elles le font le plus ordinairement comme les hommes de leur entourage, c'est-à-dire comme leur classe. Elles votent cependant dans un sens particulier sur les questions qui concernent spécialement les femmes. Mais on ne s'est pas aperçu que les disputes qui ont pu découler de ce fait aient apporté dans les ménages plus de troubles que les autres divergences d'opinion. C'est même une prétention des votantes d'avoir amené la politique à un degré supérieur. Partout où elles ont eu le droit de s'en occuper, elles assurent en avoir relevé le niveau.

Un témoignage masculin nous arrive de l'autre extrémité du monde pour nous rassurer sur le fait même des réunions publiques. C'est M. Hugh Lusk, ancien membre du Parlement de la Nouvelle-Zélande qui s'exprime ainsi : « Les femmes assistent aux réunions politiques et ce seul fait a eu d'excellentes conséquences. Les assemblées qui ne comprenaient que des hommes étaient agitées et parfois violentes ; les assemblées ne comprenant que des femmes peuvent bien n'être pas toujours non plus d'une tenue exemplaire. Il peut paraître étrange à première vue de trouver la moitié des bancs d'une assemblée politique occupée par des femmes; mais quand une fois les hommes en ont pris l'habitude, ils ne peuvent plus se passer de la présence de leurs conseillers féminins. »

« La possibilité d'emmener sa femme et sa fille aux réunions électorales et ensuite de s'entretenir avec elles des questions traitées, a modifié la vie de famille en y introduisant une communauté de pensées qui lui manquait auparavant. »

En dépit de cette opinion, nous sommes de l'avis de M. Ed. Villey[1] quand il écrit que la mêlée des luttes politiques, si l'on doit y introduire les femmes, serait la plus forte raison de leur refuser le droit de vote. Nous pensons qu'une femme bien élevée, à quelque classe de la société qu'elle appartienne, serait en mauvaise compagnie ou tout au moins risquerait fort de s'y trouver dans les réunions électorales. Mais que d'hommes ne vont jamais aux réunions publiques, qui ne sont pas et ne cherchent pas à être députés, s'occupent cependant de politique et de la bonne, en parlent ou en écrivent, en

1. *Le suffrage universel dans son principe et ses conséquences.*

sont bien informés et votent aux élections !

Quant aux résultats obtenus, voici quelques appréciations intéressantes :

« Il n'y a pas de pays au monde où l'alcoolisme ait pu être enrayé sans l'aide de la femme[1]. »

« L'intervention des femmes a contribué, pour une large part, à éloigner le crime, le paupérisme et le vice, ainsi que les lois violentes et oppressives ; elle a procuré des élections paisibles et ordonnées, un bon gouvernement et le pays a atteint un degré remarquable de civilisation et d'ordre public[2]. »

« Après dix ans d'exercice au Colorado, personne n'oserait proposer d'enlever le suffrage aux femmes ; plusieurs lois bienfaisantes ne sont dues qu'à leur pouvoir et à leur influence[3]. »

1. Du Breuil Saint-Germain : de l'*Intérêt qu'ont les hommes au suffrage des femmes* (*Bulletin National* 8° L. 657, 15316).

2. Résolution adoptée à l'unanimité par la Chambre des représentants de Wyoming (1893).

3. Sindsey juge à Denver (Colorado).

« Le suffrage des femmes a rendu nos élections plus ordonnées, plus équitables ; on choisit des fonctionnaires de valeur supérieure, nous avons un gouvernement municipal plus moral et plus fort[1]. »

En Angleterre, avant la dernière étape qui leur a donné le suffrage politique, les femmes se sont servies de leur droit de vote aux conseils scolaires, à ceux d'assistance, à ceux d'administration communale, à la satisfaction générale ; si bien qu'on a remis presque entièrement entre leurs mains l'administration des écoles et des fonds de bienfaisance. Elles n'ont pas abusé des candidatures municipales où leur place est moins indiquée ; cependant elles y ont dans les conseils communaux une situation suffisante pour affirmer leurs droits et prouver leur sagesse ; si bien que dans le peu de pays (comme à Hulton) où elles ont été lady major

1. W. A. Johnston, juge au Kansas.

de leur commune, elles ont exercé leur mandat sans opposition et avec le concours de tous et la satisfaction générale.

Les femmes de Melbourne (Australie) ont poursuivi sur le résultat de l'exercice de leur droit de suffrage une enquête des plus encourageantes pour elles ; mais le meilleur parmi les témoignages qu'elles ont obtenu est celui de l'évêque de Tasmanie dont voici les conclusions :

Le résultat du vote des femmes a été : 1° leur situation améliorée ; 2° elles-mêmes améliorées par les responsabilités civiques ; 3° la conviction qu'il convient d'être de plus en plus attentif à la fonction morale de l'État : 4° les meilleures lois pour les enfants, les jeunes et les femmes.

En Finlande, à la diète de 1908, les députés ne déposent que quatre projets de loi ; le premier relatif aux sages-femmes ; le deuxième à l'enseignement ménager des jeunes filles ; le troisième, à l'élévation de l'âge légal du mariage de quinze à seize ans ; le quatrième, à la fixation de l'âge de la protection contre le viol de douze à quinze ans. On voit combien sont sages ces desiderata. Il y a tout lieu de croire qu'il en sera de même dans les autres pays s'ils deviennent des pays de suffrage féminin.

Il ne faut cependant rien exagérer ; et tandis que les féministes attribuent toutes les excellentes mesures prises dans certains pays où les femmes votent, à l'intervention de ces électrices il convient de se demander ainsi que l'a fait M. Joseph Barthélemy, dans le cours qu'il a professé en 1918 aux Hautes études sociales, si ces lois justes, si ces sages dispositions, sont uniquement le résultat de l'accession des femmes au pouvoir, ou une simple coïncidence qui a permis de résoudre, précisément à ce moment, une question déjà mûrie.

Il faut encore reconnaître que dans les contrées où ce suffrage existe déjà, le droit de vote est limité le plus souvent par certaines dispositions relatives à l'âge, à la situation économique, voire même à la position de la famille ; qu'il est exclusivement réservé aux femmes de bonne réputation.

D'autre part, on fait observer qu'il ne pourrait en être de même en France où cette exclusion n'existe pas pour les hommes de mauvaise réputation, et que les femmes les plus indésirables ne manqueraient pas de voter, comme leurs plus tristes amis le font déjà. Si jamais un pareil abus peut cesser pour l'un et l'autre sexe, ce n'est peut-être que par l'action énergique des honnêtes femmes, plus blessées de ces contacts que les électeurs le sont ordinairement, ne l'ont été jusqu'ici.

Il y a une présomption très intéressante pour l'avenir du suffrage féminin dans le compte rendu du Congrès tenu à Rome par le conseil national des femmes italiennes (1908).

Ce Congrès, réuni pour discuter les questions féminines et ayant tout d'abord répudié absolument et également les diverses étiquettes politiques, a porté ses investigations sur les principaux problèmes sociaux : la protection des ouvrières à l'usine et à domicile, l'assurance pour la vieillesse, la lutte contre le chômage, la mortalité infantile, l'alcoolisme, l'émigration ; toutes les questions relatives à l'enfance, à la protection des mères, les abus du nourrissage mercenaire, les soins corporels et l'enseignement féminin.

CHAPITRE III

A QUOI BON?

I

Mais c'est pour la France que se pose la question, la France actuelle ; et pour les Françaises qui la peupleront, au lendemain de cette guerre qui leur a pris tant d'êtres chers et qui a aussi détruit tant de jolis rêves et de douces illusions. Oui, à quoi bon pour elles le droit de suffrage, ou en d'autres termes que vont-elles en faire, dès qu'il leur sera donné ? Les partis supputent chacun un appoint de voix favorables pour leur politique, beaucoup d'esprits sérieux s'effrayent et les gens qui s'amusent (hommes ou femmes, il y en a encore) se plaisent à représenter un petit être au costume à demi masculin, à la coiffure évaporée, à la voix grêle et au geste osé, pérorant à une tribune publique.

Les uns et les autres seront déçus dans leurs prévisions.

Il est très probable que l'équilibre et le jeu des partis ne changera guère, les femmes qui voteront subissant pour la plupart l'influence de leur mari ou de celui qui en tient la place pour elles. Mais quant aux questions économiques et aux questions féminines, il y a tout lieu d'espérer qu'elles s'y intéresseront comme elles le font ailleurs ; que leur intervention ne pourra apporter à tous les problèmes si aigus dans notre société, si menaçants quelquefois pour l'avenir de notre race, qu'un concours utile, celui de tous les dons que leur sexe a reçus pour privilège. Ne serait-ce que celui de la bonne grâce dans les rapports de la vie publique, nous aurions tout à y gagner. Quant à ces êtres androgynes que certains ironistes ont créés de toutes pièces en écrivant dessous *suffragettes*, il est bien possible qu'on en voie apparaître un ou deux, deux ou trois exemplaires. Il en sera de même de cas un peu étranges qui se sont produits et pourront se produire encore isolément, tel que celui du Dr Madeleine Pelletier, du carreau de vitre qu'elle a brisé et de sa curieuse plaidoirie. Ce sera le côté gai de la question, mais il disparaîtra aussitôt qu'il aura paru et n'aura pas de lendemain. Ce n'est pas à de semblables puérilités qu'il faut demander des arguments pour ou contre le suffrage des femmes, pas plus qu'il ne faut demander des jugements sur son opportunité aux radicaux dont Mlle Melin, présidente du groupe pour le suffrage intégral, nous a dit tenir les affirmations suivantes : « La femme est par son état d'âme, par sa nature psychologique un être qui ne voit que les extrêmes : elle aime, elle hait, elle est profane ou ferme croyante et il s'en suivra que politiquement parlant, elle sera socialiste ou conservatrice. » Combien je préfère et trouve plus exacte la manière dont M. Roosevelt apprécie les choses dans cette lettre à une présidente d'association pour le suffrage féminin qui l'avait interrogé ; il suffira de remplacer les mots Amérique et États-Unis par le mot France :

« Chère Madame, votre lettre m'intéresse et me plaît beaucoup. Mme Roosevelt et moi, nous avons toujours été partisans du S. F. bien que ne pensant pas que la question fut encore urgente en Amérique ; car nous croyons que tout d'abord les femmes les plus éminentes et les plus sérieuses de notre nation doivent sentir le besoin du vote, avant que cette idée prenne une importance pratique dans notre pays. »

« Le premier devoir de la femme ordinaire c'est d'être bonne épouse et mère, comme le premier devoir d'un homme ordinaire est d'être bon mari et bon père, et un bon chef de famille. Dès que cette femme, la bonne femme, qui est en réalité le citoyen le plus important de tout État, croira que, à tous les devoirs qu'elle remplit, elle peut ajouter un autre devoir, celui du vote, eh bien ! je verrai volontiers qu'elle l'assume. Mais je veux être sûr que c'est là son véritable désir, qu'il y a là, non une émotion passagère, mais une volonté bien pondérée de la grande majorité de ces femmes pour qui on a un respect et une estime qu'on ne saurait porter à aucun autre groupe de la nation. Il va sans dire que je ne parle que des États-Unis. Respectueusement. »

Je crois certain que l'urgence n'apparaissait pas à la plupart des femmes de France, avant la guerre au moins, pour la question du suffrage, tandis que beaucoup d'autres réformes provoquaient leurs inquiétudes et leurs revendications. D'ailleurs, les consultations des femmes d'élite dont l'opinion serait décisive pour M. Roosevelt comme pour moi seraient bien difficiles à réaliser partout ;

mais elles seraient impossibles en France où, depuis tant d'années, une fausse idée d'égalité ne permettrait pas de tenir compte d'une autre supériorité que de celle du nombre.

Cependant, si les nécessités de l'heure troublée que la guerre mondiale nous a fait vivre ont déterminé un changement de situation ; si d'autres femmes moins absorbées au cours de leur vie par leurs occupations domestiques, ou plus ardentes, peut-être, après tout, mieux inspirées, ont fait campagne pour le suffrage et gagné la victoire, toutes doivent maintenant se réunir pour en faire à leurs buts la meilleure adaptation possible, pour en user.

Le droit électoral est une arme à deux tranchants, si on refuse de s'en servir pour le bien, on perdra un moyen direct d'action et des possibilités très étendues. Cette arme, ramassée, saisie par d'autres mains, inconscientes ou malveillantes, combattra contre les idées de la majorité des Françaises. On dit donc à celles-ci, *aux bonnes femmes*, dont parle le grand Américain : Prenez courage et quand vous aurez à votre foyer, dans l'intérieur de votre maison, accompli votre douce tâche, de fille, d'épouse et de mère, ouvrez votre porte, non pour faire entrer le vent du dehors, mais pour laisser filtrer quelques-unes des belles clartés de votre lampe allumée, pour montrer vos vertus, vos croyances, vos aspirations à ceux qui passent sur le chemin ; et non contentes de les fortifier, de les secourir au passage, accompagnez-les, le bulletin de vote à la main, jusqu'à l'urne d'où vous ne voudriez voir sortir que du bien pour tous.

II

Il n'est douteux pour aucun esprit éclairé, pour aucune âme de bonne foi que des questions intéressant au plus haut degré la vie féminine en France, questions en même temps vitales pour notre pays, vont se poser aussitôt que celle de la guerre se trouvera définitivement résolue : questions sociales, questions famillales, questions d'apaisement ou de luttes entre les classes. Si la femme appelée à dire son avis, se récuse et se désintéresse, quelle sera sa responsabilité ?

En toutes ces choses, le bulletin de vote est un des plus grands moyens d'action ; et comment pourrait-on penser qu'elle n'ait pas à s'en servir, soit qu'on le lui attribue en propre, soit que n'en ayant pas l'usage personnel, elle ait à aider les autres à en faire usage dans le meilleur sens?

Il n'y a pas, en effet, de mère de famille et d'éducatrice qui ne soit tenue d'apprendre aux enfants qu'ils doivent voter en conscience de même qu'ils doivent accomplir leurs devoirs militaires, et se soumettre aux lois du pays; qu'ils sont responsables des crimes contre la justice, la religion, la liberté, s'ils ont contribué à nommer et à encourager le gouvernement qui commande ces crimes; s'ils ont par leur inertie, négligé de s'instruire des conditions du vote ou des opinions du candidat auquel ils ont donné leur suffrage.

Ce devoir des mères et des éducatrices nous paraît s'étendre beaucoup plus loin; jusqu'à tous ceux, toutes celles surtout, qui autour d'elles ont besoin d'instruction, de direction en ces matières; sur les amis, les inférieurs, les clients et clientes (ce mot s'entend ici dans le sens antique). Mais pour avoir une pareille action, aussi vaste et qui demeure cependant utile, il serait désirable que les femmes en saisissent toute l'importance, qu'elles comprissent toute la gravité de leurs obligations et tous les dangers d'une abstention, même temporaire. Il serait bon que les personnes dont l'intelligence est ouverte, le jugement formé, et jusqu'à un certain point, le temps libre, veuillent prendre la peine d'examiner les buts désirables, la plus sûre manière de les atteindre; et qu'elles entreprennent de mettre le résultat de leurs recherches à la portée des autres femmes sous une forme claire, précise et suffisamment abrégée.

Peut-être y aurait-il lieu de préconiser pour cela le travail en commun, les cercles d'études pour ce qui touche au suffrage universel. En ce sens, on doit ce qu'on peut et il est sûr qu'il faut agir. S'il est vrai de dire, avec M. l'abbé Sertillanges que : « le monde n'étant pas fait pour aller tout seul, la main de chacun, si petite qu'elle soit, doit se poser sur la roue pour lui faire éviter les abîmes », comment pourrait-on s'excuser de refuser le gouvernail de la machine quand il nous est offert ? Comment pourrait-on tenir pour un simple *chiffon de papier*, le bulletin de vote qui peut devenir un si utile instrument de travail et une charte de rachat.

III

Je connais les objections et voudrais pouvoir y répondre.

La première et la plus grave de toutes est tirée de la nature même du suffrage universel, tel qu'il est pratiqué en France :

1° Il n'est pas universel, puisque les soldats, les marins, et jusqu'ici les femmes ne votent pas.

2° Il n'est pas véritablement libre, il ne l'est qu'en apparence, la pression de l'État, des fonctionnaires, des employeurs, des syndicats ; même auprès des urnes, dans certains quartiers, de ceux qui en empêchent l'approche par la terreur, faussent le suffrage universel dans une mesure considérable.

3° Il est, la plupart du temps, inconscient.

En tenant tout ceci pour vrai, nous n'empêcherons pas que le suffrage universel existe et qu'il fonctionne contre nos idées par notre faute : ignorance, paresse, lâcheté !

Hélas ! quand on jouissait encore des douceurs de la paix, quand on fermait les yeux pour ne pas voir les éclairs qui traversaient déjà notre horizon, les oreilles pour ne pas entendre les bruits grandissants de la rue, les nouvelles menaçantes venues de la frontière, n'étions-nous pas responsables, nous et les nôtres ? Les jours d'élections, les femmes des classes qu'on appelle dirigeantes, emmenaient leurs parents et leurs amis à la campagne, laissaient s'engager les parties de chasse qui entraînaient leurs enfants ; et elles osaient raconter en riant qu'ayant gardé chez elles le chauffeur et les domestiques qui votaient mal en même temps que les maîtres qui auraient bien voté, tout se trouvait compensé le mieux du monde.

Le lendemain, le journal apportait les noms

trop connus d'élus indésirables, et le surlendemain, l'annonce d'une lourde faute diplomatique, d'une émotion anti-militariste, d'un gaspillage particulièrement insensé, pendant que les marteaux des Usines Krupp fabriquaient les canons qui devaient tuer les élégants chasseurs et les chauffeurs impeccables, si déplorables électeurs des joyeux dimanches. Qu'ils auraient mieux fait ces beaux jours-là, et qu'elles aussi auraient mieux fait d'employer chacune de leurs minutes, chacun de leurs efforts, à réunir les honnêtes gens de toutes les classes et de tous les partis (Dieu sait qu'en France ils sont encore le nombre !) à leur raconter ce qu'on savait du péril étranger, des vérités sociales, à leur parler de leurs enfants et de leurs intérêts menacés par la guerre, de la patrie qu'on serait bien forcé de défendre côte à côte ; à les convaincre aussi avant tout, qu'aucune ambition personnelle n'était la cause des démarches faites et que pour soi-même on ne voulait rien du pouvoir; ni places, ni honneurs, ni même une simple décoration !

Il y a eu tant de jours d'élections depuis 1870, tant de jours de loisir aussi, que tout ce temps bien employé aurait travaillé pour nous ; et si les Françaises avaient élevé leurs fils à servir, au-dessus de la politique, leur patrie et leur devoir social ; si elles avaient employé leur voiture ou leur auto, comme l'ont fait tant de femmes anglaises, à mener au vote ceux qui pouvaient donner leurs voix aux belles et patriotiques idées, qui osera dire qu'elles auraient perdu leur temps? N'est-il pas probable au contraire que les intérêts du pays auraient été mieux compris, la défense nationale mieux organisée, quelques horribles peines, quelques deuils épargnés, si on avait conduit aux urnes les vieux combattants de 70, les infirmes laissés sans secours par les sectaires, les impotents et les faibles leurrés de promesses vaines, tous ceux aussi qui, au bord de l'abîme, n'en soupçonnaient pas les périls et qu'on aurait si facilement éclairés.

La seconde objection qu'on nous présente est celle-ci : si peu de chose a été tenté, c'est que presque rien n'était possible. La proposition me paraît contradictoire ; car si l'on n'a pas essayé, comment peut-on savoir que l'on n'aurait pas réussi ? J'entends réussir, non à faire adopter telle ou telle politique, à faire élire tel ou tel homme ; mais à élever le débat, à poser la question sur le bon terrain : celui de la défense du pays, et de l'organisation de ses forces sociales.

Allons donc ! Si tant d'hommes éminents, si tant de femmes intelligentes avaient tendu leurs volontés réunies, constamment vers les buts à atteindre, les dangers à éviter, nous n'aurions pas attendu quatre ans dans les effroyables réalités de cette guerre, dans le sang et les larmes notre glorieuse victoire ; nous ne serions pas à compter avec des menaces économiques redoutables, avec des finances dilapidées. L'alcool supprimé ou tout au moins réglementé sagement, la concussion et même le marchandage rendus impossibles, la liberté de notre conscience, et de notre pensée, tout cela serait acquis depuis longtemps au lieu d'être discuté.

Il n'y a pas d'obstacles que l'armée du bien, disciplinée, soit incapable de renverser, surtout si on se rend bien compte des soubresauts, des trahisons, des incompréhensions qu'on a à surmonter dans l'autre camp avant de se coaliser contre nous.

La troisième objection porte directement contre le vote des femmes :

Le bulletin de vote entre leurs mains, nous dit-on, c'est le renoncement à leur rôle séculaire, c'est un billet d'entrée dans la vie tumultueuse du forum et de la rue. Quand l'ordre de la nature et celui du bon sens les retiennent aux foyers, les en fera-t-on sortir pour jouer les Théroigne de Méricourt, les Louise Michel dans les assemblées publiques?

et sous prétexte de combattre le mal, en produire un vraiment irréparable dans les mœurs de la nation?

Il importe de ne pas confondre. Ce n'est pas à abdiquer tout ce qui a fait jusqu'ici leur charme autant que leur gloire, que l'on convie les femmes; c'est à étendre leur action autour de ce qu'elles aiment pour mieux le protéger et le garder; c'est à se souvenir que la famille dont elles font partie a sa place marquée dans l'ordre social et que sans oublier aucun de leurs devoirs anciens, elles doivent en embrasser un nouveau que la nécessité du temps leur impose.

Et de fait, les devoirs envers le suffrage universel, devoirs personnels si elles ont le droit de vote, ou si tout les avertit de s'y préparer ; devoirs d'enseignement et d'influence si elles ont à instruire, aider, encourager les autres, sont impérieusement fixés par les besoins de la société et de la famille, à l'heure présente.

Il est incontestable que notre influence s'étend au loin, sans que nous puissions toujours nous en rendre compte ; telles ces ondes déterminées par le jet d'une pierre sur la surface d'un étang. Notre responsabilité, il est vrai, s'en trouve accrue d'autant. Que les femmes françaises n'aient pas peur de la leur dans cette action actuelle et nécessaire.

C'est à ces femmes auxquelles on doit cette génération de héros qui nous a sauvés et nous sauve encore en ce moment, qu'il appartient de garder l'héritage qu'ils nous ont conservé, héritage d'honneur, de liberté ; de le protéger par des lois sages, non par des paroles vaines ; par une administration scrupuleuse des deniers publics, non par des gaspillages électoraux ; par une éducation de la jeunesse à la fois traditionnelle et hardie qui la rende digne de ses aînés.

Comme le réconfort de ceux qui faisaient la guerre, comme le rôle de sœur de charité qu'elle a rempli près des champs de bataille et aux ambulances, le devoir social s'impose à elle maintenant; l'esprit clair, le cœur en haut, et s'il le faut, le bulletin de vote à la main, la femme de France le remplira.

CHAPITRE IV

QUESTIONS FAMILIALES

I

Tout le monde s'accorde à reconnaître aux femmes une grande compétence pour ce qui touche à la famille, à son organisation, à ses lois. Mais on leur demande surtout de subir celles qu'elles n'ont pas établies ni discutées ; on leur refuserait volontiers le droit de les améliorer avant de s'incliner devant elles.

Cependant aujourd'hui, les choses paraissent changer ; beaucoup de bons esprits font appel au concours, au dévouement féminin pour restaurer, renouveler l'institution familiale. C'est qu'il s'agit de l'existence même de la famille que les lois humaines, la perversion des idées, l'absence d'un enseignement vraiment moral menacent de plus en plus. Les passions des hommes et des femmes montent à l'assaut de cette ancienne place forte, déjà démantelée par des théories coupables, par des réformes dangereuses : le néo-malthusianisme, le divorce, l'assimilation de l'union libre et du mariage, etc., j'en passe, et des pires !

On mène grand bruit dans un certain camp autour de ces déprimantes doctrimes et on en fait retomber en grande partie, la responsabilité sur les femmes, parce que quelques malheureuses les acceptent, ou plutôt acceptent les phrases qui les énoncent et qu'elles ne comprennent pas toujours. On les a pressées de vivre leur vie ! elles ont essayé, et elles sont devenues à leurs grands risques des chercheuses, des acheteuses de bonheur. Sous le prétexte de leur en offrir davantage, on leur enjoint de se résigner à n'être plus que des instruments de plaisir, tout au plus quelquefois inspiratrices d'un sentiment meilleur et plus noble, quelquefois mères, quelquefois reines d'un foyer provisoire qu'elles sont toujours libres de quitter quand elles le veulent et qu'elles doivent quitter dès qu'on ne les veut plus. La condition de la femme antique valait mieux que celle-ci ; pour être enchaînée à son triste gynécée, elle y recueillait au moins le respect des siens et la sécurité de sa vieillesse. Mais il y a, plus loin que l'union libre, dans les vastes espaces de l'amoralité, des régions plus sauvages encore. Le soviet de Saratof nous les a fait connaître par un décret sur ce qu'il appelle la *socialisation des femmes ;* décret qui nous laisse entrevoir des horreurs insoupçonnées, même dans la malheureuse Russie !

Bien que les doctrines anti-familiales ne se montrent pas toujours avec une aussi brutale franchise et que le plus souvent elles cachent, comme les diables du moyen âge, leurs pieds fourchus sous des dehors séduisants, elles n'ont guère réussi à pénétrer dans la mentalité des femmes françaises, aussi rebelles pour la plupart à ces théories au rebours du bon sens qu'à l'antipatriotisme et aux hypocrites insinuations de nos sauvages ennemis. Ce serait une grave erreur de compter sur les femmes, quand elles voteront, pour apporter leur concours à ceux qui combattent l'ordre social actuel dont la base est la famille. Bien au contraire, elles réuniront leurs forces pour soutenir l'édifice menacé, le défendre, l'étayer au besoin ! et nous avons pleine confiance qu'elles y arriveront si elles comprennent leur devoir et se servent de leurs droits.

La première pensée de la Française normale est pour la famille, pour le foyer, pour les enfants, pour tout ce qui intéresse la vie de son cœur et de ses affections, pour toutes les idées et les choses qui s'y rattachent.

Cela est si vrai qu'elle fait entrer cette conception dans la politique elle-même ; et si vous interrogez quelque brave femme du peuple ou de la classe moyenne, une de celles qui peuplent nos petites villes et nos bourgades, nos châteaux et nos champs, sur son opinion, vous risquerez fort d'obtenir la réponse qui m'a été faite dans un cas semblable par une brave villageoise : « Moi, Madame, j'aimerais que les grands messieurs de la politique, ministres, sénateurs, députés, aient des femmes comme nous, mariées devant le maire et le curé, qui ne divorcent pas tout le temps, mais qui aient des enfants et demeurent avec eux. Ce serait déjà quelque chose cela et nos affaires en seraient mieux faites. Pourquoi faut-il que ces messieurs aient toujours des maîtresses extraordinaires ? Mon mari n'en a pas ». On avouera que pour être simpliste l'idée n'est pas mauvaise.

Et non seulement l'honnête femme, la

bonne mère de famille veut un foyer régulier et préservé ; même dans ses pires erreurs de conduite, toute femme cherche à s'en donner au moins l'illusion ou l'apparence. Ce serait donc une erreur grossière de juger les Françaises sur quelques pauvres égarées qui prêchent la révolte et l'immoralité dans quelques ateliers de nos grandes villes ; ce sont de simples exceptions qui ne représentent pas plus la majorité que quelques livres obscènes, quelques images pornographiques ne représentent notre littérature et nos mœurs.

D'ailleurs, non seulement sa mentalité, mais la nature de la femme, peut-être même sa condition organique, en font l'être d'un amour unique et qui peut durer toute la vie ; non certes, qu'elle soit étrangère aux crises de la passion ; mais différente de l'homme que ces heures fugitives dominent violemment et avec une force presque brutale, la femme, entièrement subjuguée par les sentiments, les vit avec une plénitude, une unité, un équilibre qui font de son amour une flamme douce qui ne s'éteint pas.

Tandis que la valeur d'un homme dépend de ses œuvres, la femme ne donne sa mesure complète que dans sa vie sentimentale et ceux qui la jugeraient sans tenir compte de cette vie-là, porteraient un faux jugement. De ces distinctions essentielles, découle l'importance que la femme normale attache à tout ce qui est d'ordre familial, infiniment plus considérable que celle que l'homme normal y attache lui-même. Si on se rend compte en même temps de l'influence d'un long atavisme, de la pénétration, pendant la durée des siècles, des idées chrétiennes sur l'indissolubilité du mariage, sur les devoirs de la femme au foyer, sur son rôle d'éducatrice, on comprendra aisément quel intérêt présentent pour la femme les questions familiales, l'apport qu'elle peut donner à ceux qui désirent, à ces questions, des solutions conformes à la morale et au bon sens, si on la met à même de les étudier, de les solutionner en lui accordant le droit de suffrage. Or, si on considère que « la prospérité et l'existence même de la Société sont liées au respect de la loi morale et à la forte constitution de la famille[1] », on pensera comme nous, que l'intervention féminine au profit de ces grandes causes, est souverainement désirable pour la préservation de la cellule sociale qu'est la famille. Tant vaut le foyer n'en doutons pas, tant vaut le pays !

1. *Le devoir social*, p. 125, par Léon Lefebure, Perrin, 1890.

II

Comment cette action s'exercera-t-elle ? et par où commencer ? Nous pensons que la femme française est avant tout une mère incomparable et que c'est à l'enfant qu'elle s'intéressera d'abord. Qu'il y ait des êtres semblables à elle, des créatures de son sexe capables d'anéantir une vie qui commence, de tourmenter un pauvre bébé au lieu de le dorloter et de se sacrifier pour lui, elle en est indignée, horrifiée. Pour ces femmes qui refusent la maternité et se rendent criminelles en en repoussant les devoirs, les autres mères n'ont ni pitié ni merci ; elles ne peuvent admettre que ces crimes, tout affreux qu'ils soient, puissent avoir des complices responsables, quelquefois des excuses ;

et un jury féminin n'admettrait probablement jamais, pour l'infanticide, de circonstances atténuantes.

On prétend que si les femmes sont toutes prêtes à combattre l'avortement, à réclamer les sanctions contre tous ceux qui aident de leurs actes, de leurs conseils, de leur protection ce crime contre nature, elles n'ont pas les mêmes sévérités pour les doctrines défavorables aux familles nombreuses. Malheureusement cette accusation n'a pas toujours été sans fondement. Il s'est trouvé des personnes, ayant d'ailleurs un moral élevé sur d'autres points, pour admettre certaines théories du néo-malthusianisme. Ces personnes, bien qu'elles aient été la grande exception, n'ont eu malheureusement que trop d'influence ; et c'est par leurs exemples et leurs paroles que se sont multipliées les familles d'un seul enfant, élevé dans du coton, habitué à ne songer qu'à lui, impuissant à défendre notre pays contre les barbares ; grâce auquel entre l'égoïsme et le don de soi la lutte s'est établie au dépens du dernier facteur.

Même avant la guerre actuelle, qui donne une preuve brutale de la culpabilité de ces personnes et de ces théories, justice en était faite encore plus complètement pour la pratique, dans les milieux où la vie religieuse et morale est reconnue, que dans les autres ; mais généralement, pour toutes les femmes. Leur cœur et leur courage se sont mis dès longtemps à leur œuvre de salut et de régénération pour l'avenir du pays.

La protection contre le séducteur est un autre moyen de protéger l'enfant, une autre cause intéressant la femme. Elle était moins pressante dans les temps antérieurs où la morale religieuse enseignait à la jeune fille à se préserver du mal, à fuir le danger. Mais la loi qui a rayé des programmes ce genre d'enseignement, a pris par là même l'engagement de le remplacer. En attendant qu'on ait trouvé des professeurs capables d'accomplir ce devoir, il faut au moins maintenir certaines barrières, les renforcer même pour empêcher les plus grands malheurs de se produire, et dans l'espèce de s'attaquer aux jeunes générations.

Tant que l'opinion publique du vieux monde comptera, la fille séduite devenue mère sera tentée de cacher la faute qui la déshonore au regard de cette opinion, soit en se livrant aux odieux personnages, meurtriers conscients qui opèrent en sûreté, grâce aux diplômes et aux titres officiels, la suppression de l'enfant; soit en se détruisant elle-même. Elle peut aussi rêver et exécuter la vengeance en tuant son séducteur ou celle qui le lui a rendu infidèle. Qu'au lieu de cela, la recherche de la paternité puisse être inscrite dans la loi; la preuve une fois faite, que le séducteur soit condamné à indemniser largement celle dont il a pris l'honneur et la réputation, aussi bien que le voleur est tenu de dédommager sa victime; les choses changent, et c'est du bon côté.

A ce sujet un fait symptomatique vient de se produire en Italie. « Dans un congrès tenu à Rome par les hospices d'enfants trouvés le 19 et le 20 septembre 1917, on a soulevé la question de la recherche de la paternité, avec une telle spontanéité, une telle franchise, qu'un vote unanime demandant que le gouvernement présente au plus vite un projet de loi a été salué par les plus vifs applaudissements. Certainement, c'est la guerre qui, en ravageant les populations, a mûri cette question humanitaire; mais l'opinion publique y avait été préparée en Italie par le travail de propagande fait et poursuivi activement par l'Association : *pour la femme*. Ce travail a été poursuivi par ses promotrices avec une grande sagesse, les femmes s'inquiétant à la fois de favoriser la reconnaissance des enfants illégitimes et d'empêcher que ces reconnaissances puissent empiéter sur les droits de l'épouse et des enfants légitimes[1].

Écarter le mal, le voir et au besoin le punir, cela peut suffire au législateur masculin ; les mères, les femmes françaises iront plus loin dans leurs désirs et leurs revendications. Elles veulent que celle qui doit être mère ait un recours contre les brutalités de l'homme, qu'elle soit secourue si elle est pauvre, renseignée si elle est ignorante, soignée à domicile ou à l'hôpital, si elle est malade ; que même obligée de gagner sa vie, elle ait le loisir de sa maternité ; et que des lois soient autour d'elle, non pour la meurtrir et la contraindre, non pour lui enlever des droits ou de la liberté, mais pour l'aider à assurer, à développer la vie physique et

1. *Jus Suffragii*. Décembre 1917, novembre même année. Il convient de noter au passage une bonne disposition de la loi française : « Le père qui reconnaît tardivement son enfant n'enlèvera plus à la mère la puissance paternelle. Elle appartiendra à celui des deux parents qui aura le premier reconnu l'enfant (*loi du* 29 *juin* 1907).

morale de l'enfant, à la crèche, à l'école, à l'atelier, suivant ses désirs et sa juste volonté. Car la femme moderne n'admet pas que personne puisse prétendre à un droit supérieur au sien, sur l'être qu'elle a mis au monde. Le socialisme d'État, si séduisant pour quelques-unes quand il les soutient dans les grèves et les luttes sociales pour le relèvement des salaires, cesse de plaire aux femmes quand il s'agit de main-mise sur l'enfant, du berceau de la pouponnière aux écoles graduées où on s'en emparerait de plus en plus. Il faut s'entendre : les mères veulent bien d'un auxiliaire, d'un aide, d'une diversion ; elles accepteront même un contrôle au besoin, mais elles ne se laisseront pas détrôner. Les servantes, quand elles peuvent en avoir, les professeurs et les maîtres d'école, plus tard les camarades et même les bonnes amies, les affaires : c'est un mal inévitable et duquel leur jalousie peut être tolérante. Elle ne le sera jamais pour qui essaiera de leur prendre leur petit et d'en revendiquer la propriété.

Aussi une des premières questions familiales qui intéressera les votantes, une de celles sur lesquelles elles interviendront, est celle de la liberté de l'éducation, l'établissement de conseils de parents autour des écoles et des lycées pour limiter l'omnipotence de certains pédagogues, le droit de donner des idées religieuses, quand on en a, à ses enfants, aussi bien que celui d'en faire des libres-penseurs, si on a des raisons pour paraître avoir cette opinion. On est si fort persuadé de ces aspirations féminines dans le parti socialiste qu'un homme de valeur de ce parti[1] qui croit à une majorité catholique chez les femmes, prévoit la réouverture d'écoles religieuses, après l'octroi du suffrage aux françaises.

Comment, avec cette mentalité, la mère

1. M. Levy Brühl, professeur à la Sorbonne.

pourrait-elle admettre, d'où qu'ils surgissent, certains attentats contre l'enfant? Veillant sur lui avec le soin jaloux que nous venons de reconnaître, comment pourrait-elle concevoir au nom de quel faux principe, au nom de quelle menteuse liberté, on étale aux devantures des magasins, sur les murs et dans les kiosques, des images qui troublent la vue de ses filles; comment on laisse circuler près des écoles et des ateliers des tentations vivantes pour ses fils?

Quoi! en plein XXe siècle, et alors qu'on ne tolèrerait pas qu'un misérable petit nègre eût à cirer des bottes par force et sans être payé, la traite des blanches existe et se pratique presque à ciel ouvert! En plein XXe siècle, et alors qu'on parle avec mépris du serf attaché à la glèbe, les États les plus policés de la grande Europe consacrent la prostitution par leurs lois et enchaînent à leur maison d'infamie de pauvres filles nées dans toutes les classes du pays! On nous dit :

« Gardez-vous d'y toucher, vous verriez pire ! » On verra donc, car la main des femmes et des mères, dès qu'elle en aura le pouvoir, touchera cette lèpre pour la détruire et en sauver les enfants. Il y a bien d'autres mesures utiles à prendre pour ces chers êtres : les tribunaux d'enfants ont marqué un progrès ; les femmes en réclament certainement d'aussi nécessaires ; elles chercheront à prévenir par une surveillance attentive des récréations dans les écoles, dans les préaux, dans les jardins publics, le mal moral qui conduit devant les juges ; elles réclameront les écoles ménagères pour leurs filles, l'organisation du travail de leurs fils, le rétablissement de l'apprentissage, des dispensaires qui leur permettent de soigner à domicile leurs jeunes malades et bien d'autres dispositions aussi utiles.

III

En s'occupant de l'enfant, la mère lui veut un milieu favorable. Cet enfant a besoin de la famille pour naître et pour grandir, il a besoin d'un cercle joyeux de frères et de sœurs ; il a besoin autant que de la tendresse de sa mère, de la forte protection, de la direction de son père. Et ce n'est pas en France que certaines étranges idées de l'extrême Nord, tendant à isoler l'enfant, sous prétexte d'être à lui davantage, auraient chance de mettre sur les consciences féminines leur dangereuse emprise. On connaît trop l'histoire de cette jeune scandinave de bonne famille qui, après avoir lu Ellen Key [1], est allée

1. Qui n'a d'ailleurs jamais conseillé pareille chose.

demander un enfant à un homme illustre de son pays, dont elle a ensuite refusé tout appui, toute réparation[1]. Un tel exemple n'a fort heureusement aucune chance d'être suivi chez nous.

Bien au contraire, la femme française, pour assurer à son enfant la protection de son père, se résigne aux plus grands sacrifices, à celui même de demeurer à un foyer où elle ne peut attendre que des souffrances et des déboires ; mais où l'appui du père est présent.

Il y a, d'autre part, beaucoup à dire sur ce qui est devenu chez beaucoup de femmes de notre pays la conception même du mariage. On n'attache d'importance, si je puis ainsi parler, qu'au dehors de la question, sans se rendre compte de la valeur du fond, d'où tout dépend.

Qui pourra changer ce point de vue ou au

1. Pour demeurer, disait-elle, plus complètement mère.

moins l'étendre, le préciser et l'orienter plus sérieusement et mieux? persuader à la jeune fille qu'elle doit connaître davantage le passé de celui auquel elle veut donner sa foi; que, si elle a raison de chercher qu'il lui plaise et qu'il ait des ambitions et des goûts semblables aux siens, il lui faut étudier son caractère, ses idées, ses croyances et ses relations. Il faudra peut-être longtemps avant que cette manière d'envisager les choses soit celle du grand nombre; et d'autant plus qu'on ne peut plus dire aux femmes : réfléchissez, c'est pour la vie! Le divorce a accru notre légèreté naturelle.

Alors, et tant qu'il en sera ainsi, la femme malheureuse, au lieu d'attribuer à son mauvais choix, à son peu de réflexion et de raisonnement, le désastre de son ménage, en rendra responsable, après sa mauvaise chance et le conjoint qu'elle a choisi ou accepté, les causes secondes et incidentes, telles que l'alcool, le bar, les mauvaises compagnies. Elle les combattra avec acharnement et il faut espérer, pour le bien de notre cher pays, qu'elle réussira dans ce combat, qui ne peut être que très bon et très utile à soutenir.

Elle se refusera certainement à supporter seule les charges du ménage et ceci aussi sera un bien, souvent un préservatif. Enfin elle se heurtera à ces menaces de divorce qui ne sont que des répudiations, qui ne sont qu'une tentation pour les rivales jalouses d'une situation enviable et respectée ; à ces divorces qui rejettent la femme vieillie et ses enfants qui embarrassent, hors du foyer où elle les a mis au monde. Et, si elle maintient cette déplorable institution, elle en limitera tellement l'exercice que nous gagnerons un grand progrès sur l'état actuel.

Un jour viendra où des notions plus vraies de ce que doit être le mariage pénètreront dans les intelligences et dans les cœurs féminins. On comprendra que la garde du foyer appartient à la femme, non seulement pour qu'elle y ait un abri, non seulement pour que l'enfant y trouve un nid chaud et duveté, mais aussi pour que le père s'y repose dans la tendresse et la douceur de sa vie; qu'il y jouisse du réconfort, du bon conseil, des exemples de travail fécond et inlassé que sa compagne lui donne en remplissant chaque jour son devoir religieux et moral.

Mais l'amour, quelle sera sa place en tout ceci ?

Espérons que ce sera une grande place, la place d'honneur qu'il mérite dans la création, dans la permanence de la famille, la place que Dieu veut qu'il y ait et qui nous apparaît dans la Sainte Écriture comme l'état normal.

L'amour est une fleur qui compte plusieurs variétés, depuis celle qui garde la poétique blancheur du lys, jusqu'à la plante abâtardie et souillée par la boue du ruisseau, où on a peine à reconnaître l'espèce glorieuse. Le jardin du foyer ne peut cultiver que des fleurs pures, saines, belles : les roses qui ne sont pas sans épines, qui ne sont pas sans avoir des feuilles jaunies ou fanées ; mais qui, après s'être ouvertes au printemps, s'épanouissent encore en été et embaument jusqu'à l'arrière-automne.

Les femmes pourront-elles, en usant de leurs droits nouveaux, apporter à la fleur délicate des protections meilleures contre les vents et les froidures, contre les ardeurs du soleil et les variations des saisons? c'est-à-dire contre l'égoïsme et le vice, l'inconstance et les passions? Nous espérons fermement qu'il en sera ainsi ; car elles ont le besoin d'aimer et de croire, leur cœur est plus sensible, plus élevé, moins dominé par les émotions basses que celui des hommes.

Si elles cherchent de plus en plus l'amour dans le mariage, elles éloigneront de plus en plus aussi ces questions d'intérêt, cet amour de l'argent qui est de l'amour, du vrai, de l'amour sans épithète, le plus grand ennemi. Elles détruiront de plus en plus aussi les préjugés qui s'attaquent à leur valeur de travail, à leur travail lui-même. Si bien que, capables au besoin de gagner leur vie, elles ne se trouvent plus obligées de la donner au plus offrant ou de chercher, au prix même de leurs sentiments, un mari pour les nourrir.

C'est en améliorant l'éducation des femmes, c'est en préservant la jeunesse des deux sexes, des enseignements délétères, de certaines idées fausses, de certains dangers positifs qu'on pourra arriver au mariage normal. C'est aussi en introduisant un peu d'idéal dans les visions d'avenir qu'on présente aux jeunes générations, un autre idéal que celui que leur offre le mot *s'amuser*, qu'on améliorera l'état actuel de la famille. Personne n'ignore les déplorables errements qui ont cours dans notre malheureux pays. Une jeune fille du grand monde épouse un homme qui pourrait être son père ; et sa mère dit :

Oh ! elle est raisonnable ! elle comprend bien qu'avec sa pauvre petite dot, il faut passer sur quelque chose ; alors... Et pendant ce temps la jeune ouvrière repousse le gentil camarade qui l'aime et qu'elle pourrait aimer, et passe à côté de cette union légitime pour *s'amuser*, dit-elle, encore un peu. Hélas ! pour perdre sa vie ! On est toujours à temps, dit-elle, de prendre les charges et les soucis du ménage !

Combien nous sommes loin de la paisible et douce vision du bonheur domestique, cherché ensemble la main dans la main et le cœur fleuri, par deux êtres jeunes, sains d'âme et de corps, confiants dans l'avenir, capables de faire ensemble la longue route de la vie et même de sourire aux incidents du chemin !

L'opinion publique, les mœurs, sont donc à réformer avant les lois, à ce qu'il semble ; mais est-il bien possible d'opérer des changements si profonds et dont nous sommes si peu maîtres? Si les lois sont en notre pouvoir, commençons alors par elles, quand ce serait en apparence commencer par la fin. L'heure nous presse et l'action s'impose; elle sera peut-être plus lente que nous ne voudrions; mais elle aura en tous cas, très certainement, plus de chance d'aboutir que si nous ne faisons rien.

Un très bon travail a été fait dans ce sens, qui a donné aux femmes la propriété de leurs gains (bien que dans la pratique cette bonne loi soit entravée par l'application) en rendant les mariages militaires plus accessibles, en permettant aux proches parentes de faire partie des conseils de famille, en ouvrant aux institutrices les conseils de l'instruction publique, etc., etc. On ne peut dire que toutes ces questions, que celles d'hygiène et d'assistance ne regardent pas les femmes françaises; elles y ont au contraire tellement de part qu'il ne leur est pas permis de s'en désintéresser. Si le droit de vote lui est acquis, comme tout porte à le croire, la femme aura à s'en servir pour tout ceci ; dans le cas contraire, son devoir est d'employer toutes ses forces pour aider à l'action des électeurs et la provoquer dans le sens de ses aspirations : *pour la famille*. Il semble que le vote actuel ne s'en préoccupe aucunement, qui ne donne à la voix du chef de famille aucune valeur de plus qu'à celle de l'isolé sans intérêt de foyer ou d'affection en ce monde. Si jamais une disposition pouvait accorder aux représentants du foyer familial quelque prépondérance elle fortifierait en même temps l'esprit de famille lui-même. Nous espérons au moins, qu'en attendant, l'action des femmes dont la majorité en France est dévouée à cet esprit de famille pourra apporter quelque avantage à cette cause si intéressante pour elles.

CHAPITRE V

DEVOIR SOCIAL

I

Si les questions familiales paraissent être connues des femmes, et si l'on est disposé pour les résoudre à réclamer leur action et à tenir compte de leur avis, il semble au premier abord que leur compétence sociale soit nulle et qu'elles n'aient pas d'intérêt à l'acquérir.

Cependant la société en miniature qu'est la famille est une cellule vivante de la grande famille sociale; leurs intérêts se tiennent et ne sauraient se séparer. A ce titre donc, les questions sociales regardent la femme tout particulièrement; encore plus que le droit, et nous disons : *le devoir* d'y intervenir lui appartient, comme à tous les êtres humains. Nous estimons en effet qu'il existe pour *tous* et pour *toutes* et encore plus dans une démocratie, un devoir social. Mais quel est-il ? Qui en a entendu parler sérieusement ?

Depuis pas mal d'années déjà, encore plus depuis qu'on s'inquiète de l'avenir qui suivra la guerre, on parle beaucoup de questions sociales, d'œuvres sociales, de revendications et de justice sociales. Il serait intéressant de savoir au juste quelles idées ces mots si souvent répétés éveillent dans l'esprit de ceux qui les entendent ; il serait curieux de connaître le nombre des personnes qui s'occupent d'en préciser le sens, de le déterminer dans la pensée d'un devoir social.

Parmi les femmes, dont la mentalité m'est mieux connue, je crains que la quantité en soit extrêmement minime ; et je sais, sous ce rapport, *bon nombre d'hommes qui sont femmes !* Je parle des meilleurs et des meilleures, de ceux et de celles qui remplissent le plus souvent leurs devoirs personnels; l'aspect général de la question leur échappe; et, à leur point de vue, c'est là une nouveauté qu'on introduit et non un problème qui s'impose. La nouveauté (triste nouveauté) est celle de l'esprit individualiste qui a envahi les générations contemporaines; c'est comme un nuage qui nous a caché quelque temps le grand objectif dont tous ceux qui nous ont précédés sur la terre, depuis la constitution d'une société humaine, n'avaient jamais cessé de se préoccuper.

L'histoire de toutes les civilisations est aussi celle des questions sociales, des crises sociales (car les temps actuels n'ont inventé ni le mot, ni l'objet); elle nous enseigne comment ces choses ont été comprises et en quelque façon provisoirement résolues; alternatives de réclamations et de révoltes, de concessions et de répressions, quelquefois d'expédients. Les temps anciens ont sous ce rapport plus d'un point de ressemblance avec les modernes, et il n'y a pas que l'apologue ingénieux de Ménénius Agrippa qui pourrait être transporté, sans changement, du forum romain dans les milieux de la troisième République française; il n'y a pas que le personnage de Cléon que l'on ne retrouve aussi bassement flatté dans nos journaux de tous les partis que dans les comédies d'Aristophane.

Si les solutions diverses des questions sociales intervenues au cours des âges ont été incomplètes et provisoires, il faut bien convenir qu'il ne pouvait en être autrement; ces solutions étant l'œuvre de personnes intéressées dans un sens ou dans l'autre, à la fois juges et parties. Quelle qu'ait été d'ailleurs la pureté de leurs sentiments, l'élévation de leurs pensées, il leur était impossible de dépouiller toute partialité et de voir d'assez haut. Un seul être en a jamais été capable; il est vrai qu'Il était Dieu!

La loi d'amour et de justice qu'il a instituée dans son Évangile pourrait donner la paix, l'ordre, le bonheur à toutes les sociétés humaines. Cet enseignement a produit des fruits incontestables, tels que la suppression de l'esclavage antique, celle des droits injustes et exorbitants du chef de famille sur sa femme et sur ses enfants; il est à la base de beaucoup de progrès vrais et durables. Mais il pénètre lentement notre pauvre âme humaine parce qu'il demande des efforts et qu'il est austère; il pénètre plus lentement encore les collectivités incompréhensives. Alors, tandis que les principes chrétiens sont de plus en plus méconnus, oubliés, calomniés même, d'autres prophètes surgissent, sûrs d'être écoutés, puisqu'ils prêchent la jouissance immédiate et la revendication par la violence. Sous leur action, qui s'est manifestée même chez les femmes, le problème social a pris des formes si aiguës, si difficiles à apprécier, si angoissantes comme résultat, que les rapports des forces sociales et des individus en paraissent troublés pour toujours. Il est fort étrange, en cet état de choses, que des personnes cultivées, appartenant à une nation qui se trouve en proie à l'effroyable crise actuelle, prétendent sérieusement se tenir à l'écart du conflit et y demeurer étrangères; et que pendant que tout s'aigrit par l'ambition démesurée de quelques-uns et la résistance irraisonnée des autres, les esprits clairvoyants et pondérés assistent en spectateurs à la lutte.

C'est que beaucoup d'entre nous se font une très fausse idée de leur devoir social. « N'est-il pas satisfait pour beaucoup de gens, dès qu'ils ont réservé quelques oboles aux caisses de certaines organisations de charité? et dès lors ces gens-là n'apporteraient-ils pas, dans leur propre vie, une prétentieuse surcharge, ne feraient-ils pas preuve d'imprudence, voire même d'orgueil en intervenant eux-mêmes dans cette mêlée brutale où tant de pauvres êtres sont aux prises avec la misère, avec la détresse, parfois avec la mort[1]. »

Ceux-ci s'excusent donc d'aller plus avant et de se donner eux-mêmes à leur devoir social. Une autre variété d'égoïstes invoque plus volontiers le mot droit que le mot devoir, quand il s'agit de questions sociales. Hélas ! à mesure que les droits sont réclamés à voix plus haute, ils se contredisent davantage en se multipliant. On a droit à la vie, au bonheur, à la liberté, au plaisir ! mais le voisin y a droit aussi ; et tout naturellement estime que son droit prime celui des autres. « Or, aucun droit relatif aux objets extérieurs ne peut être absolu ; il y a toujours place à des limitations réciproques, par conséquent à des conventions et à des compromis[2]. » Qui les établira équitablement ? celui-là ramènera

1. Georges Goyau, p. 279. *Autour du catholicisme social*, 1901, Paris.

2. Fouillée. *La propriété sociale*, p. 79. Hachette, 1884.

l'âge d'or sur la terre, mais il n'est pas encore né. On l'attend cependant avec confiance, ce qui n'aurait pas d'inconvénient, si de cette confiance ne découlait l'inaction. On se croise les bras dans l'attente de l'*homme sauveur*, de l'*événement sauveur*, de l'*Etat sauveur !* Séduisante conception, qui pourrait bien tarder encore un peu à se réaliser !

La notion du devoir social et la volonté de l'accomplir seraient, en attendant, un bon moyen d'améliorer les choses.

II

L'homme n'est pas fait pour se renfermer dans un égoïsme jouisseur; il n'y trouverait d'ailleurs pas le bien de sa nature; ce n'est pas un isolé! Mais la société à laquelle nous appartenons est un véritable organisme dont nous sommes les parties vivantes. Des rapports aussi intimes, aussi essentiels sont nécessairement régis par des lois; et si ces lois sont méconnues, il y existe aussi des sanctions, comme nous l'avons établi plus haut.

Que voit-on, en effet, dans l'état d'ignorance et d'indifférence actuelles? Rien n'étant coordonné, ni retenu à sa place véritable, chacun prétend travailler uniquement pour son avantage; et les dirigeants, qui poursuivent un but identique, contentent successivement ceux qui crient le plus fort, sans prévoir aucunement ce qui suivra une telle course au clocher, sans se rendre compte qu'en donnant toujours raison même contre la raison, à celui qui fait le plus de bruit, on arrivera à ce point où les forces utiles de la nation seront épuisées et sa vie même compromise sans remède. « Le gouvernement d'une démocratie devrait, non pas favoriser cette surenchère, mais se préoccuper de son véritable rôle qui est de prendre pour guide, non pas les intérêts d'une seule partie de cette démocratie, mais ceux de la société tout entière. Lorsque des intérêts contradictoires se trouvent en présence, le premier devoir du législateur est de ne rien faire qui autorise à l'accuser de favoriser les uns au détriment des autres [1]. »

Les devoirs, loin de se contredire comme

1. De Lanessan. *La concurrence sociale et les devoirs sociaux*, p. 259, Paris, Alcan, 1904.

les droits, se concilient et se complètent l'un par l'autre; et cette réciprocité assure le bon ordre, qui est l'intérêt suprême des sociétés comme des individus. Quand chacune des molécules qui le composent demeure en équilibre et à sa place, le corps social n'a plus qu'à réunir toutes ses forces pour assurer le bien-être de tous ses membres. Or, c'est à tout homme et à toute femme vivant en société, que l'ordre établi par Dieu impose des obligations de justice, des obligations de charité qui constituent le devoir social dont nous parlons. En d'autres termes : « Quand chacun remplit ses obligations et fait son devoir, l'émancipation des hommes est progressive et continue et l'on se rapproche alors d'un État social moins imparfait. Je veux parler, non d'un État social fondé sur l'égoïsme et la haine, non d'un État fondé sur la contrainte, nous courbant tous sous le même despotisme; non d'un État où, sous prétexte d'égalité, les meilleurs seraient abaissés au niveau des moins capables ; mais d'un État où les inférieurs s'élèveraient graduellement au niveau des supérieurs par la pratique de la solidarité et de la justice[1]. »

On voit par là que le devoir social s'appuie autant sur des considérations d'intérêt bien entendu que sur une obligation de conscience, découlant de la loi morale elle-même : « conscience nette, assidue, parfois exigeante et impérieuse du lien qui rattache l'homme à la société humaine, le chrétien à la société chrétienne, et des obligations qu'entraîne ce double lien[2] ».

Ces obligations sont d'autant plus étendues que nous nous trouvons investis d'une plus grande somme des biens d'ici-bas. En effet, tout ce qui nous donne une supériorité quelconque au point de vue physique, intel-

1. Ad. Prins. *L'organisation et le devoir social*, p. 257. Falk et Cie, Bruxelles, 1895.

2. *Autour du catholicisme social*, par Georges Goyau, Paris, 1901.

lectuel et moral, nous impose des charges plus lourdes, des responsabilités plus précises vis-à-vis de la société. « L'homme, enseigne en effet Léon XIII, dans la société, ne vit pas seulement pour ses intérêts propres, mais aussi pour les intérêts communs ; par conséquent, si quelques-uns ne peuvent contribuer pour leur part à l'ensemble du bien social, les autres, ceux qui le peuvent, doivent y contribuer plus largement. »

III

Les devoirs sociaux me paraissent être de deux sortes : les devoirs de justice et les devoirs de charité.

La justice est une vertu, inclinant la volonté de l'homme à rendre à chacun ce qui lui est dû ; dans l'espèce, ce qui est dû par les individus à la société, ce qui est dû par la société aux individus, ce qui est dû par chacun à ses semblables. La justice suppose donc nécessairement un droit d'une personne, auquel correspond un devoir proportionné chez une autre personne.

Par exemple, c'est un devoir de justice pour le riche de faire travailler et de rémunérer suffisamment le travail qu'il fait faire; c'est de même un devoir de justice pour celui qui travaille de gagner son salaire par un effort proportionné au paiement. Mais il n'est pas juste que celui qui a acquis ou conservé honnêtement un pécule perde le droit de propriété au profit de ceux qui n'ont rien fait ; et pas davantage que l'être sain et apte à gagner sa vie vive de l'aumône, parce que sa paresse se refuse au travail.

La charité est une vertu aussi ; quelle aimable vertu ! de précepte divin, de droit naturel. Son nom comme son essence est *amour*. C'est, parmi tant d'autres, une des idées fausses du socialisme officiel que le désir d'en effacer le beau rôle du milieu des hommes. Si, ce qu'à Dieu ne plaise ! cette conception se réalisait, notre monde deviendrait semblable à celui que les savants nous prédisent devoir finir par le froid. Les tristes êtres vivants à sa surface se disputeraient la pièce de monnaie nécessaire à chaque individu, celui qui la détient s'occupant à la cacher, à la soustraire aux autres, et la divine pitié ferait place à la nuit polaire sur un globe où aucun souffle vivifiant ne viendrait plus réchauffer les cœurs, adoucir les volontés.

La charité est donc encore plus nécessaire que la justice, elle l'a bien prouvé dans les maux affreux qui ont accompagné cette guerre. La justice oblige tous ceux qui le peuvent à secourir les blessés, à leur donner des remèdes et du pain ; mais est-ce bien la justice qui a ramené au front, où il a depuis trouvé la mort, le grand chirurgien qui venait de voir mourir son fils à l'ambulance, avec cette parole magnifique : « Tant qu'il y aura un blessé que je pourrai conserver à son père, je veux aller vers lui » ?[1]

Est-ce la justice qui a penché sur le lit du mourant, qui appelait sa mère pour l'embrasser, l'admirable femme qui venait de fermer les yeux de son unique enfant? Est-ce la justice enfin qui a fait évader ces prisonniers

1. Dr Edouard Delanglade.

civils dont on savait payer la liberté, en territoire envahi, avec sa propre vie?

Plus haut donc que la justice, la charité embrasse et couvre toutes les misères de ce monde; qui, malgré toutes les lois, tous les niveaux qu'on établira, tous les rêves qu'on essaiera de réaliser sera toujours un triste monde, au moins tant qu'on continuera à y mourir. Mais l'amour, comme le soleil, illumine même les ruines et fait riants les paysages désolés. Je me souviens d'avoir vu, à Torre del Greco, les lueurs du couchant dorer les pauvres haillons étendus au seuil des demeures sordides des pauvres pêcheurs et en faire des choses glorieuses. Ainsi la charité, si on lui faisait place, si on l'aidait à pénétrer partout au lieu de chercher à l'éteindre avec les étoiles, résoudrait magnifiquement les problèmes sociaux; et de ses belles ardeurs, elle rendrait faciles et joyeux les sacrifices que la justice a le droit de nous imposer, au nom de notre devoir social. Ce devoir va plus loin qu'on ne le suppose communément : « Les objets qui sont vraiment d'obligation stricte, juridique et sanctionnée par la loi, les objets sur lesquels doit pouvoir porter la sanction sociale sont plus étendus qu'on ne le pensait. Il y a des dettes que l'on ne connaissait pas et qu'il faut pourtant payer chaque jour, à toute heure, pour se libérer. Il y a là une zone intermédiaire, la zone sociale, qui vient s'ajouter, s'incorporer au domaine du droit. Elle me paraît être la conquête que dans un but de fraternité, nous faisons en ce moment. »

« La charité ou l'amour, c'est le don de soi, payer n'est pas donner ; quand on paie ce que l'on doit, on ne fait pas le don de soi-même, on exécute simplement une obligation stricte. Une association mutuelle qui rétablit la justice dans l'échange des avantages et des aspects de la solidarité n'est pas un acte de charité et d'amour, c'est un acte de justice, relevant des règles du droit, et soumis aux sanctions sociales. Étendons jusque-là le domaine du droit et ne concevons de ce fait aucune alarme : le domaine de la charité n'en sera pas diminué, car il est infini ; il y a toujours du bien, toujours plus de bien à faire[1]. » Nous sommes sur tout ceci bien d'accord avec M. Bourgeois et nous pensons qu'un des beaux rôles que la charité doit accomplir, un de ceux où elle a beaucoup de bien à faire, est de rendre les obligations de la justice sociale aimables à ceux qui ont à les remplir et moins impérieuses à ceux qui ont à en bénéficier. C'est évidemment une obligation de stricte justice sociale que nous avons eu à satisfaire dans cette guerre pour l'assistance des blessés et des mutilés qui nous ont défendus ; mais la tendresse et l'héroïsme, l'amour avec lequel a été rempli ce devoir n'a-t-il pas changé la

1. Conférence de M. Léon Bourgeois à l'école des Hautes Etudes sociales (p. 59), sur l'idée de la solidarité et ses conséquences sociales.

nature de ce qu'on a donné : secours, dévouement, quelquefois la vie. C'est ceci qui a fleuri en France, qui a été la part de la charité et la douce fleur qui a embelli, embaumé la plus triste salle d'hôpital, sans préjudice de la satisfaction due à la justice sociale.

Il faut bien convenir que c'est là surtout la conception chrétienne du devoir social. Dans une thèse soutenue par Sauzède, à la Faculté protestante de Montauban, l'auteur reconnaissant avec les philosophes contemporains, le fait d'une dette sociale, trouve cependant cette idée incomplète. Pour lui, il ne suffit pas de rendre aux autres membres de la société ce qu'on en a reçu, il faut être prêt à se sacrifier pour eux par amour; le chrétien, dit-il, vit de l'abnégation qui ne calcule pas.

« La religion du Christ, écrit d'autre part l'abbé Naudet, n'est pas, ne saurait être une religion individuelle. Elle est par excellence la religion de la justice et de la charité, et nous devons trouver chez elle, dans son enseignement, les principes de justice et de charité qui doivent nous guider dans notre vie sociale. »

Si donc il existe dans le monde une aussi grande école de justice, de dévouement, de devoir et de paix, il est grand temps qu'elle cesse d'être traitée en ennemie ; grand temps qu'on apprenne à se servir de la force morale dont elle dispose. C'est bien à tort que : « On a représenté l'Église et le prêtre comme des étrangers sur le terrain social : le prêtre s'est laissé intimider et le peuple s'est éloigné de l'Église. Cependant l'Église possède la seule vraie doctrine sociale et la mission du prêtre embrasse la vérité dont il est l'organe comme les embrasse la foi dont il est l'interprète[1]. »

Pour bien comprendre le grand secours dont on doterait ainsi la vie sociale on n'a qu'à lire les enseignements du pape Léon XIII résumés dans son encyclique *Rerum Novarum*. On y trouvera les notions les plus

1. Georges Goyau. *Autour du catholicisme social*, p. 161 et suivantes. Paris, 1901.

exactes de notre devoir social envers tous, quant à la justice sociale et à la charité. Cette charité, nous ne le dirons jamais assez, si on lui donnait voix au conseil, résoudrait magnifiquement les problèmes sociaux; si on l'aidait à rayonner partout, elle irait, alliée à la justice, terminer les haines, apaiser les conflits et nous conduirait les uns vers les autres bras et cœurs ouverts. Il ne faudrait pas cependant fausser les ressorts de ce bon mouvement, de cette belle compassion. Les femmes savent bien que celles des mères qui gâtent leurs enfants font le malheur de leur vie; et ceux qui connaissent notre histoire savent aussi que les courtisans de l'ancien régime sont responsables de la plupart de ses fautes, que ceux du nouveau régime sont en train de jouer le même tour à la souveraineté du peuple. Les masses comme les individus ont leurs qualités et leurs défauts; il ne convient pas à un homme libre de s'agenouiller devant ceux-ci, ni même devant celles-là. Il ne lui convient pas d'en tirer parti dans un but personnel ; et quant à l'intérêt public, ce serait bien mal le servir que de ne résoudre que pour un seul côté de la société les problèmes de l'avenir.

C'est donc un mauvais moyen d'intervenir que d'accorder à ceux qui réclament quelque avantage social, non seulement ce qu'ils demandent, mais bien davantage ; et d'établir des sortes d'enchères où on offre toujours plus que ce qu'il conviendrait de donner. Si on a pu autrefois se servir de cette tactique au mieux de quelques intérêts électoraux, il est incompréhensible que l'on continue à en user alors qu'elle est depuis longtemps percée à jour ; incompréhensible que les gens qui ne font pas de politique de parti s'associent à ce mouvement déraisonnable. Il y a au moins tout lieu d'espérer que la femme ne s'y intéressera pas et qu'elle s'exercera à avoir un coup d'œil plus vrai et à poser des actes mieux justifiés.

IV

Le devoir social est donc fait de justice et de charité ; mais dans l'application, il a surtout à prévenir des conflits toujours graves, et si ces conflits se produisent, à les apaiser. Il est désirable que pour arbitrer, que pour demander une solution ou un conseil, on ne choisisse pas des gens absolument ignorants de ce qui est à juger. Dans la vie ordinaire, on ne prend pas un viticulteur pour bâtir une maison, ni un coiffeur pour chauffer une automobile. Pourquoi s'adresse-t-on à un vétérinaire pour trancher les questions de couture, à un médecin pour apaiser les grèves des inscrits maritimes? J'entends bien qu'on les pourvoit d'abord d'un titre officiel; mais si les hommes modernes ne croient plus assez au droit divin pour accepter le pouvoir d'un roi, comment leur fera-t-on croire que quelques voix de plus ou de moins confèrent au premier venu la science infuse en même temps qu'une légitime et apaisante autorité?

Quand nous voulons contribuer à apporter quelque concours utile aux questions sociales, après avoir sincèrement reconnu que c'est notre devoir et de quelle nature est ce devoir; il nous faut pousser plus avant notre étude sur la société à laquelle nous appartenons et les lois générales qui la régissent; il nous faut acquérir la science sociale. Cela est encore plus indispensable si nous nous trouvons vivre dans une démocratie. Quand celle-ci veut vivre en effet, elle doit viser à l'élévation universelle, et non à l'abaissement universel. Il est donc essentiel que ceux qui en forment l'élite intellectuelle, hommes et femmes, possèdent la science sociale, connaissent ses lois et soient comme le centre du mouvement et le moteur qui le répand dans toute l'assemblée.

La science sociale varie avec les temps et les lieux, mais son but ne varie pas ; il repose sur la justice et rend possible l'accession au pouvoir et à la propriété des supériorités naturelles, quels que soient l'homme et la classe où elles se produisent. C'est en ce sens seulement que se trouve l'égalité sociale véritable, et non dans une sorte de gymnastique qui essaie de mettre tout le monde au même plan. Car, contrairement à des théories séduisantes, la véritable égalité n'est pas et ne sera jamais possible.

Je sais bien que telle n'est pas la manière dont le socialisme officiel (j'entends celui qui se prétend le dépositaire unique de la vraie doctrine) comprend les choses. Il ne s'agit pas pour lui de la possibilité pour tous d'atteindre un idéal toujours plus rapproché de la justice sociale véritable, mais de la nécessité d'y parvenir, par quelque moyen que ce soit. Comme il y a des gens tout à fait incapables de produire certains résultats, il faut obliger les autres à renoncer à cette production, par la force au besoin ; et nous commençons à voir où on en arrive, et à quelles absurdités, avec de telles conceptions. On l'avait vu depuis longtemps ; il y avait eu même dans l'antiquité un homme qui avait essayé d'égaliser au moins la taille de ceux qui tombaient en son pouvoir. Après les avoir allongés sur le lit dont on voulait leur imposer la mesure, on les aidait à la parfaire par l'étirement des membres ou leur ablation, suivant le cas ; et le second dans les questions sociales risquerait fort d'être pratiqué plus souvent que le premier.

Sérieusement, l'égalité est contredite, non seulement par l'état social tel qu'il existe ou qu'il a jamais existé, mais par notre nature elle-même. Si nous prenons pour exemple une famille de six enfants, nourris du même lait, élevés par les mêmes parents et les mêmes méthodes, et pourvus en France, où le partage des biens est égal entre les enfants, du même patrimoine ; si nous admettons, ce qui est certainement abusif, des avantages physiques et intellectuels presque identiques, et la même profession pour les enfants d'un même sexe : le cours de la vie et des circonstances seul créera entre ces êtres des inégalités fatales, et cela très rapidement.

Il est d'ailleurs faux d'admettre que tous sont partis du même point : les uns sont adroits, les autres sont intelligents, les dons diffèrent comme la santé et les tares de chacun ; et si cruellement qu'on essaie de faire peser la tyrannie sur les supériorités sociales, on n'arrivera pas plus à les annihiler qu'on n'arrivera à faire demeurer plus d'une seconde au fond d'un verre les éléments légers d'une solution dont tous les poids seraient au-dessus.

Le premier de nos efforts sociaux est donc d'acquérir ce que j'appellerai la compétence sociale. « De ce qu'on a conçu quelques idées générales et quelques sentiments très généreux, on n'est pas docteur pour cela, ni en état de proposer les remèdes positifs aux maux de la société; il faut étudier autant que notre intelligence le permet, et que les circonstances le rendent possible, les questions sociales. Je dis que c'est un devoir pour tous, parce que tous aujourd'hui ont à dire leur mot sur ces questions[1]. »

Le sens social est une conséquence très désirable et très utile de la compétence sociale.

« Le sens social, qu'est-ce à dire? Il est plus aisé d'en constater les exigences que d'en donner une définition précise. C'est en vertu du sens social que le chef de famille catholique remet au lendemain chaque dimanche les commandes qu'il pourrait faire exécuter le jour même, de crainte d'immobiliser par ces commandes les bras et les cerveaux dont

1. Conférences d'Ollé Laprune donnée en 1894 à la *Revue de réforme sociale* (Perrin, 1914).

Dieu a voulu l'émancipation hebdomadaire. C'est en vertu du sens social que l'officier, à la caserne, peut calculer et organiser les congés dont il est le maître, afin qu'ils soient réglés de la façon la plus conforme à l'emploi honnête et moral de ces loisirs. Dans le domaine de l'esthétique, le sens social nous garantit contre la séduction de l'art pour l'art, contre ces procédés captieux qui ravaleraient, « les lettres humaines » comme on disait jadis, à n'être qu'un épanchement morbide du *moi* contre cet aveugle égoïsme qui fait bon marché des conséquences sociales de ce que l'on pense et de ce que l'on écrit. »

« Avoir le sens social, c'est être pénétré de cette réflexion que les actes dont on est l'auteur auront une répercussion sur d'autres existences. A notre époque où beaucoup souffrent d'être des déracinés, le sens social est un enracinement[1]. »

1. Georges Goyau, p. 279 de la 2e série, 1901.

La compétence sociale et le sens social nous mènent à l'action ; il faut agir à mesure que nous acquérons de la compétence. Il y a une action personnelle et qui nous regarde directement, il y a une initiative privée, il y a une action publique. L'action personnelle nous retient dans l'ordre et à notre fonction dans le corps social ; comme l'action de la nature conserve chaque chose à sa place dans le corps humain, ce qui n'empêche pas, d'ailleurs, d'étendre et de perfectionner le rôle de ces organes. Si la place des femmes est comme nous le pensons, au cœur de l'ordre social, ce sera déjà beaucoup que ce cœur se contracte régulièrement et entretienne la vie par son mouvement normal ; ce sera beaucoup que la femme garde la dignité de son amour et l'intégrité de son foyer ; qu'elle donne des enfants à la patrie, non seulement en multipliant les maternités[1], mais en prenant tout le soin nécessaire pour mettre au monde des êtres sains et bien équilibrés. Ce sera encore mieux si elle arrive à remplir sa fonction d'éducatrice, pour le bien de son pays, à un point de vue social très élargi et qui s'étende au delà même de ses propres enfants.

L'initiative privée complète notre action personnelle. Elle consiste à aller au peuple en ami, à nous occuper de lui en frère, en guérisseur, en associé; à donner son effort pour améliorer l'état social de ceux qui souffrent, pour soutenir leur faiblesse, pour faire aboutir leurs justes revendications. C'est de cette initiative qu'on peut espérer les éléments conciliateurs qui résoudront les conflits de nos luttes sociales. C'est elle qui accomplira, si elle est bien conduite, la réforme intellectuelle et morale nécessaire au raffermissement des intelligences et des âmes.

Quant à l'action publique, elle n'est pas moins indispensable que les deux autres actions à l'accomplissement du devoir social. Dans les débats qui préoccupent, qui passionnent nos contemporains, nous ne pouvons pas être indécis, nous ne pouvons hésiter d'un sens à un autre, mais nous devons prendre parti pour la vérité, pour la justice et la charité. N'avons-nous pas vu dans les terribles moments que nous avons vécus, ce que deviennent les neutres, et quel rôle ingrat a été le leur dans la guerre mondiale ? Assurément ce n'est pas celui qui nous tente, mais bien l'attitude héroïque de nos soldats et de nos alliés. Loin de nous les complaisances silencieuses, les complicités plus ou moins inconscientes. Par tous les moyens en notre pouvoir, avec toutes nos armes, même si ce sont des armes nouvelles et dont l'emploi nous effraye quelque peu, combattons le bon combat ! Nous pourrons y recevoir des blessures, nous pourrons commettre des erreurs de tactique et attendre longtemps la victoire. Ce n'est pas une raison de déserter notre poste ni de douter de l'avenir. Cet avenir nous répondra glorieusement et heureusement quand notre labeur l'aura préparé.

CHAPITRE VI

C'EST LA GUERRE

Combattre est un mot essentiellement masculin ; et si nous essayons de l'appliquer aux femmes, il évoque en nous l'image de l'amazone cruelle ou de la sauvage Walkyrie. Nous nous trompons ; ce n'est pas au milieu des artilleries et du sang répandu que se livrent les batailles auxquelles la femme moderne est appelée à prendre part ; c'est contre le mal, pour le droit et la justice que, par devoir, elle doit lutter ! Le croit-elle bien ? Il est nécessaire de le lui redire si elle le sait déjà ; de le lui apprendre, si elle a besoin d'être convaincue.

Et s'il s'agit de ces Françaises honnêtes et

sérieuses, auxquelles l'ombre de l'autel domestique et le soin des berceaux forment un doux rayonnement ; si elles nous répondent que l'ordre de la nature et celui du bon sens semblent les retenir au foyer loin des manifestations tumultueuses, des bruits des assemblées et de la rue, c'est pour celles-là surtout que notre appel se fera plus pressant, c'est d'elles qu'on a besoin davantage.

N'ont-elles pas su prendre leur part de la défense nationale, non seulement par les larmes et les prières, mais par un travail sanglant et magnifique ? Mères, femmes, sœurs et filles de nos héros, n'ont-elles pas soutenu leur courage, pendant que leur propre cœur se déchirait ? Ne sont-elles pas demeurées impassibles et souriantes sous les bombardements des villes ouvertes où elles nourrissaient leurs enfants, sous les obus que les barbares envoyaient aux ambulances où elles soignaient leurs blessés, dans les pays envahis où elles bravaient au péril de leur vie, le sauvage oppresseur? Eh bien ! le champ de bataille social est en proie à la même guerre, il les appelle à braver des dangers aussi redoutables pour la Patrie que ceux qu'elles ont déjà partagés. Le retard qu'elles mettraient à s'approcher, à se refuser au combat, créerait une situation de plus en plus redoutable.

Car rien ne sert d'aller contre les faits ; la lutte est déjà commencée, le sexe féminin a déjà pris place dans les bataillons engagés. Et parce que les femmes d'élite dont je viens de parler n'ont pas compris ni entrepris leur devoir social, n'ont pas voulu suivre et diriger le mouvement, il est commencé contre elles ; j'entends contre leurs principes et contre la famille.

C'est à des femmes qui, entre des heures de travail qu'elles trouvent trop chargées, entre les soucis de leur pain quotidien et celui de leur ménage et de leurs enfants, ont trouvé le temps de s'occuper des questions sociales ; c'est aux grévistes, aux femmes des bourses de travail, qu'on a osé dire : « Vous combattez pour obtenir des salaires qui vous préservent de la prostitution légale, qui vous permettront plus tard de vous affranchir de plus en plus de cette autre prostitution légale qu'on appelle le mariage. »

Aucune protestation, pas même celle des sergents de ville qui assistaient à la séance ne s'est fait entendre ! S'en est-il élevé une seule autour de la table à thé des personnes du monde qui s'intitulent volontiers « bien pensantes » ? Si on y a abordé ce triste sujet d'actualité, qu'a-t-on fait autre chose que d'en gémir ou d'en sourire ? Et parmi les femmes des classes cultivées, si improprement appelées dirigeantes, il n'y en a pas eu une seule qui ait compris la nécessité d'aller vers ces pauvres égarées, de les aider dans leurs revendications légitimes, de les éclairer sur leurs intérêts véritables, de leur apprendre à reconnaître leurs amis et à écarter les étrangers vêtus en sauveurs, les tauben camouflés en oiseaux français !

Il en est de même pour l'action syndicaliste. Les comités qui s'appuient sur la violence, qui se proposent de tout bouleverser, de chambarder (c'est le mot propre si la chose ne l'est pas) tout l'ordre social existant, trouvent des soutiens, des protecteurs, des subsides ; et les femmes qui se vantent d'appartenir au parti de l'ordre, qui y voient clair et sont à même de juger à quel abîme les mauvais bergers conduisent leurs sœurs et leurs concitoyennes, dans quel intérêt personnel ils agissent ; ces femmes ont continué tranquillement à broder au coin de leur feu, à s'inquiéter de ce qui se disait ou se passait dans leur cercle exclusif, au lieu d'offrir leur argent, leur temps, leurs conseils à celles qu'elles auraient pu si bien servir.

L'heure de leur intervention en ce sens d'action de haut en bas, n'est-elle pas passée ? Il est bien à craindre, que faute d'être intervenu à temps il ne soit *plus* possible de le faire de la même manière, plus facile, plus douce, plus féminine.

Mais si l'on ne peut organiser par les œuvres, une protection directe et efficace du bien, n'est-ce pas le moment de se dévouer encore pour son service en lui assurant au moins la liberté? et en se servant des lois pour ceci. Quand, pour avoir méconnu le danger qui menaçait notre frontière, nous avons entrevu l'abîme et traversé les heures redoutables, notre race généreuse a su réagir et sous des flots de sang résister et vaincre. Ainsi la femme française, j'entends la femme des classes laborieuses, celle que l'on a essayé de tromper, d'égarer loin des chemins de la morale et du bon sens, commence à voir où on veut la conduire. Que les femmes de tous les autres milieux lui donnent la main et l'aident dans son œuvre de justice, à mesure qu'elle la reconnaît plus clairement!

On va donner le droit de suffrage à ces

femmes qui ne l'ont pas demandé, mais qui sauront s'en servir ; c'est à leurs côtés, c'est avec elles qu'il faudra combattre le bon combat, contre tout ce qui menace la paix sociale, la famille, la race française.

Puisqu'on ne les a pas devancées, au moins faut-il marcher dans le même chemin qu'elles et les aider à monter vers les conquêtes sociales désirables pour les Françaises.

Le principal problème, le premier à résoudre, est celui du pain ; il en comprend deux autres, également graves, également complexes : l'assistance publique et la question du travail.

L'assistance publique est un devoir social dont l'accomplissement peut être réclamé par tous ceux qui souffrent, par tous ceux qui sont misérables, par tous ceux qui sont incapables de gagner leur vie.

Chaque gouvernement remplit ce devoir à sa manière qui n'est pas toujours la meilleure ; dans les œuvres de compassion aucune passion ne devrait intervenir et si la camaraderie est fâcheuse partout, c'est surtout des œuvres d'assistance qu'elle devrait être bannie.

D'ailleurs, si nous sommes loin de penser, avec une certaine école moderne que l'aumône dégrade celui qui la reçoit dans une juste nécessité, nous sommes d'avis qu'il ne faut pas la multiplier sans limites autour de ceux qui, pour en prendre moins facilement l'habitude, doivent avoir autre chose à faire que de tendre la main. Autrement ce serait aux travailleurs de nourrir les paresseux; il y a donc une conséquence absurde impliquée dans le droit illimité à l'assistance et au travail, les forces destinés au travail d'un pays n'étant pas infinies. En fait d'œuvres nous préférons celles qui empêchent de tomber à celles qui relèvent, celles qui donnent du travail à domicile à celles qui donnent des secours sans conditions. Dans cet ordre ne vaut-il pas mieux encourager par des primes et des allocations, les enfants à garder leurs parents que de nourrir ces vieillards dans les hospices? obliger les pères et les mères qui le peuvent à donner une légère rétribution à l'école choisie par eux, que de les laisser se désintéresser complètement de l'éducation des enfants, à l'aide d'une distribution de gros sous donnée par tels ou tels maîtres?

Et l'initiative privée ne serait-elle pas meilleure, qui fournirait un léger trousseau, quelques meubles au jeune ménage qui veut se fonder, au lieu de subventionner des refuges et des maisons de repenties? Tout ceci demande du temps, de l'étude, du travail. Il est certainement plus facile de laisser tomber quelque monnaie dans la bourse d'une quêteuse ou d'écrire un mot de recommandation à un député influent.

Le problème du travail présente des difficultés plus grandes encore. C'était déjà un grand malheur que la classe des travailleurs en fut arrivée à considérer que ses intérêts étaient distincts de ceux des autres classes.

Aujourd'hui elle les considère comme diamétralement opposés.

Non seulement elle ne compte plus sur nous pour améliorer sa condition, mais elle nous regarde comme y faisant obstacle et n'a plus d'autre programme que le programme de la destruction. Quel peut être l'avenir d'une société aussi divisée, dont une fraction qui est le nombre et qui avec le droit de suffrage a la toute-puissance politique, ne voit de salut pour elle que dans l'anéantissement de l'autre fraction. Combien de temps verra-t-on subsister un corps social dont les membres entendent détruire la tête ? Nous répondrons : pas très longtemps si on se borne à constater cet état de choses, à l'aigrir par l'inaction et la mauvaise humeur des deux côtés : « Une nation divisée contre elle-même ne peut durer. » Mais qu'une intervention, que des bonnes volontés se produisent et se dévouent, les rapprochements se feront, les solutions ne manqueront pas de se trouver. Pour que ces solutions s'imposent cependant, il faut qu'elles aient quelque chance de satisfaire toutes les intéressées, en ce sens qu'elles leur paraissent basées sur l'équité. C'est la difficulté d'arriver à cette satisfaction comme à cette entente qui a fait envisager les créations de syndicats mixtes, celles des associations patronales avec délégués ouvriers, celle des comités ouvriers avec des patrons intervenant à certains moments. Aucune de ces combinaisons ne paraît suffisamment propre à prévenir ou à résoudre des conflits.

En sera-t-il autrement quand ces organisations seront aux mains des femmes pour leurs propres intérêts?

Les meilleurs groupements seront très probablement ceux des professionnelles ayant les mêmes compétences, agissant pour le mieux en pleine liberté (ce n'est pas la licence) et se soumettant d'avance à une sentence arbitrale; c'est ce qui donne jusqu'ici dans les professions masculines, les meilleurs résultats. Mais avec des femmes il pourra y avoir un atout de plus dans le jeu. Beaucoup parmi elles reconnaissent une loi morale et croient en Dieu; il est bien possible que la lutte de classes en soit moins sauvage et la paix sociale plus rapprochée. Ce qui est urgent, c'est que la main délicate ne reste plus inactive, qu'elle s'emploie jour après jour à l'œuvre de justice qui sera l'œuvre d'apaisement; et que le cœur des femmes s'occupe à trouver des solutions acceptables à ce problème du pain quotidien.

Qu'il devienne accessible à toutes, c'est le plus essentiel; que la travailleuse isolée, plus impuissante encore que l'homme isolé, trouve dans un large droit d'association la force qui lui a manqué jusqu'ici, la protection morale qu'elle n'a pas suffisamment dans la société actuelle, que les syndicats qui ne cherchent pas d'appui sur la violence et qui ne s'occupent que de questions professionnelles possèdent les mêmes droits que les autres, et soient écoutés tout autant; pour cela qu'ils aient une constitution forte et la personnalité civile; enfin que dans les syndicats féminins, soit par eux soit au-dessus d'eux, il soit tenu compte des nécessités de la famille, de l'avenir de la race, de la protection, des encouragements dus au travail fait au foyer, l'idéal du travail pour la mère et pour l'épouse.

Car il n'est pas dit que les problèmes de l'après-guerre résolus, les vides faits par la guerre dans la population française enfin comblés, cette forme de travail, le travail au foyer ne devienne pas aussi possible que ce qu'elle est et sera toujours désirable. Faciliter par tous les moyens la réalisation de cet idéal sera toujours une excellente action sociale, mais il y en a d'autres nombreuses, urgentes, dominées par les grands principes qu'il ne faut pas oublier. « Toute la question sociale est dans cette organisation de la société, dans la participation du plus grand nombre d'hommes et de femmes au plus grand bonheur possible dans la conciliation entre le droit et le devoir des supérieurs et le droit et le devoir des inférieurs [1]. »

A côté de la question sociale du travail et du salaire, il y a la question de l'épargne et de l'avenir de cette épargne. C'était autrefois une notion française et on avait beau se moquer du bas de laine, la femme s'employait à le remplir.

Malheureusement, le goût du luxe et de la jouissance, le goût aussi de la dépense et des distractions qu'elle procure ont envahi toutes les classes de la société. Lutter contre ce courant c'est bien, mais c'est long et difficile ; il faut aller au plus pressé et sauver au moins la prime d'assurances contre le chômage, le mois de la société de secours mutuel, la retraite ouvrière ; non seulement la con-

1. Prins. Bruxelles Falk et Cie éditeurs. *L'Organisation de la liberté et du devoir social*, n° 32, 1895.

tribution à la caisse de vieillesse mais celle qui assure un pécule à l'enfant, un trousseau à la jeune fille, un secours ou une assistance pour chaque maternité. Tous les moyens sont bons qui apprennent à la travailleuse à penser à l'avenir, à prévoir pour elle et ses enfants. En ce sens aussi il est utile d'intéresser les femmes à acquérir le droit de propriété, à le respecter chez les autres par conséquent. Que deviendra notre pays si à défaut de l'école, les parents, les mères surtout, n'enseignent pas à leurs enfants que l'argent du travail est une chose sacrée; et que la courageuse prévoyance qui l'emploie à assurer le pain de demain à la famille après avoir gagné le pain d'aujourd'hui est tout aussi utile et respectable. Que deviendra notre pays, si de décret en décret on enlève au travailleur et au sage ce qu'il a laborieusement acquis, pour aider le paresseux à vivre dans l'oisiveté et le désordre. Aucun pays n'a le droit d'installer chez lui des lois semblables;

mais alors même qu'il le tenterait contre tout droit et toute raison, toute femme qui aime ses enfants sera contre cette désastreuse et coupable expérience.

Il lui sera peut-être plus difficile de réagir contre cette autre tendance de certains pères de famille qui se préoccupent d'amasser beaucoup pour permettre à leurs enfants de vivre sans rien faire, ce qui est aussi blâmable que le manque de prévoyance.

Faire travailler et payer convenablement les commandes c'est pour les riches un devoir social sérieux, comme ils ont celui de combattre parmi eux l'oisiveté; aux femmes de prendre leur part de la tâche! Mais c'est un devoir tout aussi strict de ne pas imposer aux ouvrières un travail démoralisateur qui leur donne l'enseignement et l'exemple de tous les gaspillages, de toutes les impudeurs, de tous les raffinements licencieux du luxe moderne. Je ne donnerai pas de détails, mais toutes les personnes sérieuses qui ont étudié les deux mondes, jugé la question par les deux bouts, ne me comprendront que trop bien.

C'est un devoir social pour les femmes des classes cultivées de se servir de tout ce qu'elles ont de capacité et d'influence pour éclairer celles et même ceux qui en ont besoin.

Tous ceux qui s'occupent d'éducation se rendent compte de l'insuffisance de celle que possèdent actuellement les classes ouvrières; elles ne sont pas élevées, elles ne sont pas policées, elles ne sont pas préparées aux luttes pour la vie. Je ne veux pas dire que l'instruction n'existe pas, ni même qu'elle est insuffisante : c'est de l'éducation que je parle, de celle qui non seulement polit les mœurs et les manières, mais qui pénètre pour les cultiver les intelligences et les cœurs, qui apprend à réfléchir, puis à vouloir.

Eh bien ! puisque cette éducation manque et qu'il y a des femmes qui savent parler, qui savent écrire, qui sont capables d'enseigner, que ne se servent-elles de toutes ces forces pour intervenir par leur initiative privée ou par leur action publique, d'abord contre le mal et l'immoralité, puis contre ces lacunes de l'éducation ? Que n'essaient-elles de remédier aux plus grands périls qui nous pressent : l'alcoolisme qu'on veut continuer à protéger chez l'homme et que l'on s'efforce de faire pénétrer chez la femme ; la prostitution sous toutes ses formes et à tous ses degrés, les images, les livres corrupteurs, la dépopulation, la mauvaise éducation des enfants de toutes les classes et de tous les âges, et par-dessus tout la haine entre les classes.

Il appartient à toutes les Françaises d'étudier ensemble et de bonne amitié l'usage qu'elles ont à faire du bulletin de vote qui va leur être offert ; de tâcher de comprendre d'abord par quels moyens sans doute elles pourront mettre sur leur fourneau le plus souvent possible la poule au pot du bon roi Henri, mais par quels moyens aussi elles pourront soigner la poule aux œufs d'or et ses utiles productions sans détruire le tout pour jamais; préserver par la préparation des lois justes et sages, leurs enfants des conflits actuels et des haines injustes, comme des mauvais bergers.

Je comprends bien que les femmes hésitent, qu'elles se troublent en face de toute cette action, qui leur paraît étrangère à leurs traditions séculaires. Personne ne pense cependant à leur en demander le sacrifice, mais au contraire à les mettre au-dessus de toute atteinte. Elles seront d'autant mieux fidèles à ces traditions qu'elles se seront souvenues que la famille dont elles font partie a des droits et des devoirs vis-à-vis des autres familles humaines; que d'autre part, elles se seront rendu compte que les conditions de la vie ayant changé, elles ne peuvent plus guère compter sur les sollicitudes et les soins qui leur assuraient le repos et les loisirs des anciens abris, qu'il faut s'en créer d'autres par elles-mêmes et les ouvrir largement à qui en a besoin. Peut-être ont-elles peur des sourires et des plaisanteries qui accueillent quelquefois les femmes d'action ; ce ne sont là pourtant que de pauvres flèches émoussées dont leur patience et leur sagesse auraient facilement raison.

Plus probablement, il est à croire qu'elles ne se rendent pas compte de l'utilité, de la nécessité de leur intervention. Elles perçoivent bien le bruit montant de l'orage, elles en aperçoivent les premiers éclairs ; mais leur grand cœur les rend trop incrédules au mal qui se fait, aux bas intérêts qui s'agitent autour d'elles dans l'ombre, à l'étendue des plaies sociales et au criminel travail qui se poursuit pour les envenimer.

Ce n'est pas cependant le courage qui manque aux femmes ! Elles viennent d'en donner la preuve au cours de cette guerre et à l'admiration du monde entier ; aussi bien que de leur dévouement et des ressources dont elles disposent pour sauver, consoler, guérir, organiser. Quelques-unes seulement ont commencé à s'aventurer sur le terrain social et le succès est venu immédiatement à elles. En plus de l'action syndicaliste, les mutualités, les questions d'assurance et de secours mutuels leur ont ouvert un vaste champ d'expérience. Moins aptes que les hommes aux luttes pour la vie, plus sensibles aux maux qu'elles cherchent à guérir, sans intérêts électoraux à défendre, elles sont à même de mieux accomplir leurs devoirs sociaux qu'aucun autre être humain. Il suffit qu'elles reconnaissent ces devoirs comme obligatoires et qu'elles entreprennent de les remplir en disposant de tous les moyens en leur pouvoir; en faisant usage de tous les droits qu'on leur reconnaît, en cherchant même à les étendre suivant les heures et les nécessités des heures. Mais si elles veulent être tout à fait dignes de leur nom de femmes et de Françaises, c'est surtout le droit à la bonté, à l'amour fraternel, à l'union dont elles aimeront à se prévaloir sur le terrain social comme sur tous les autres ; et leur meilleure arme pour la guerre nouvelle à laquelle elles auront à prendre part c'est le rameau d'olivier qu'elles tiennent si volontiers dans leurs mains.

CHAPITRE VII

ÉLECTIONS MUNICIPALES

S'il est un domaine où il soit nécessaire d'arborer le rameau d'olivier symbole de paix, c'est bien celui qui s'étend autour du clocher et de la maison de ville, celui que l'on offre aux Françaises pour s'essayer aux devoirs électoraux. C'est celui-là même où les questions irritantes se multiplient, où les intérêts s'agitent et se heurtent, où les noms les plus pacifiques à l'ordinaire deviennent, dans les luttes locales, des brandons de discorde.

Les personnes très nombreuses qui n'accordent aux femmes qu'une confiance limitée, ne manqueront pas de prophétiser que leur présence va augmenter la confusion et accroître le désordre. Nous pensons au contraire que leur intervention se fera au profit de la paix générale, et sera toute à leur honneur. Je sais bien qu'il y a Hélène et la guerre de Troie : mais j'estime que les arguments qu'on en pourrait tirer sont fort affaiblis par le recul des siècles et les changements survenus dans la condition et la mentalité des femmes. D'ailleurs, on verra bien, puisque le champ d'expérience va s'ouvrir : il suffira qu'elles consentent à y entrer !

Or, la femme actuelle y a tout intérêt, alors qu'il lui est offert parce que :

1° Il est plus vaste qu'il ne paraît d'abord ;

2° Il peut être des plus fertiles en heureuses solutions des questions sociales et familiales. Au moins, dans toutes ces choses, le suffrage municipal donne-t-il, pour un grand nombre de cas, d'excellents moyens d'intervention.

I

Le droit de vote municipal, qu'il est question de donner aux femmes, celui que propose le projet approuvé par la commission de la Chambre des députés, serait un apprentissage du droit de vote politique, dont la probabilité prochaine apparaît de plus en plus. C'est peut-être une initiation moins dangereuse et moins brutale que le suffrage universel intégral lui-même ; c'est certainement, dans tous les cas, une préparation utile à l'exercice du droit électoral complet, une invitation à s'organiser, à se grouper, à se déterminer à une action laborieuse, mais efficace.

Le vote municipal a de plus une répercussion immédiate très étendue sur la vie politique nationale, puisque les délégués municipaux nomment les sénateurs ! Dans la cité, la femme électrice fera représenter ses idées de plein droit, dans les conseils des hospices, dans les bureaux de bienfaisance. Ce seront ses élus qui réviseront les listes électorales, qui subventionneront les écoles et voteront les charges de la commune, qui tiendront en mains tous les fils, tous les rouages dont on a fait jusqu'ici des moyens électoraux.

On voit assez combien il serait malheureux de ne pas utiliser ces moyens, tout au moins combien il serait maladroit de les laisser, sans contrôle, à nos adversaires. C'est une faute trop souvent commise par les patentées qui s'abstiennent aux élections du Tribunal de commerce ; faute qu'il leur arrive de payer chèrement le jour où elles ont un procès devant leurs pairs et où leur branche de commerce ne se trouve pas représentée dans la composition du Tribunal. De même les femmes qui se seront abstenues aux élections municipales n'auront à s'en prendre qu'à elles de la mauvaise gestion des intérêts de leur commune et des centimes additionnels supplémentaires qu'elles auront à payer.

Si elles méritent en cela bien des reproches, elles ne seront pas cependant sans circonstances atténuantes : leur éducation les a beaucoup trop souvent habituées à regarder les choses par leurs petits côtés et leurs détails. On ne leur a pas donné de vues d'ensemble ; on ne leur a rien appris de ce qui se passe dans leur pays, de ses lois les plus élémentaires, de son organisation, du gouvernement sous lequel elles ont à vivre et à diriger la vie de leurs enfants. Il semble que ce serait cependant au moins aussi utile à connaître que les chansons (trois s'il vous plaît) qu'il faut désigner et apprendre pour l'obtention du certificat d'études primaires.

II

Il faut donc que les femmes, avant d'exercer le droit de suffrage municipal, veuillent bien étudier un peu ce que ce droit représente, et sous quel régime en 1919 vit la commune. Tout d'abord, qu'est-ce que la commune ?

On peut définir la commune l'association des habitants d'une agglomération en vue de s'administrer eux-mêmes, de se défendre, de pourvoir aux intérêts matériels et moraux de tous ceux qui en font partie[1].

Cette administration de la commune s'exerce, en France, sous le contrôle de l'État. On n'attend pas de nous l'exposé des moyens

1. Berthélemy. *Traité élémentaire de droit administratif*. Paris, Rousseau.

par lesquels le pouvoir central réalise ce contrôle, les limites des conflits et celle des compétences des Conseils de préfecture et du Conseil d'État : en fait, les conseils municipaux et le maire et les adjoints nommés par eux, exercent leur autorité, sous la surveillance, non sous l'autorité du pouvoir central.

Les conseillers municipaux, en nombre plus ou moins grand selon le nombre des habitants des communes, sont nommés par le suffrage universel tous les quatre ans le premier dimanche de mai. Les conseillers élus siégeant dans l'ordre du tableau, c'est-à-dire par rang d'ancienneté, et, à ancienneté égale, dans l'ordre des voies obtenues, se réunissent pour l'élection du maire et des adjoints, dont les fonctions ont la même durée que celles des conseillers (sauf suspension ou révocation).

Le maire est seul chargé de l'administration de la commune; les adjoints sont au besoin désignés pour sa suppléance. Il est aussi d'usage qu'il leur délègue par arrêté et sous sa responsabilité une partie de ses fonctions[1]. Le maire et ses adjoints ont diverses attributions fort intéressantes pour les personnes qui se préoccupent des questions familiales et sociales.

III

La police municipale regarde le maire. Il a le soin de réprimer les atteintes à la tranquillité publique, par conséquent d'empêcher les attroupements, de punir les manifestations de l'ivresse dans les rues par l'arrestation des délinquants (le courage de prendre de telles mesures manque trop souvent aux maires), voici donc une bonne action contre l'alcoolisme; elle se peut poursuivre par ailleurs, une des attributions des maires étant le bon ordre des endroits publics; les foires, les marchés, les spectacles, les jeux, les cabarets et les débits sont justiciables de ses arrêtés, de sa police et de ses sanctions. Donc, seconde action possible contre l'alcoolisme. C'est un des fléaux qui perdraient la

France si on les laissait faire. Les municipalités ne sont pas moins armées contre le second de ces terribles maux tout aussi redoutable que l'autre : la police des mœurs leur appartient, au moins en grande partie à Paris et dans quelques grandes villes, absolument dans les autres communes de France.

Il dépend du maire de surveiller et de purifier les abords des lycées et des écoles, les promenades publiques et de ne pas tolérer que le vice s'y étale en plein jour sous le regard désolé et impuissant des honnêtes femmes et des mères de famille.

Il dépend du maire de multiplier les rafles dans les milieux malsains et d'assurer les quelques mesures de préservation morale qui, après les fâcheux débuts qui les ont fait arrêter, peuvent encore sauver quelques mineures. Que ne dépend-il de lui de multiplier ces préservations autour de ces enfants et de punir exemplairement corrupteurs et corruptrices !

Il dépend du maire enfin de donner aux malheureuses qui vivent du commerce de leurs tristes sourires, la liberté du retour au bien quand il vient à les tenter sérieusement, où que ce soit et à quelle heure que ce soit.

Il incombe surtout au maire de préserver la santé publique des dangers que ces pauvres filles soumises ou insoumises, lui feraient courir si elles étaient laissées à elles-mêmes ; il doit, par ses agents, exercer sur les locaux qu'elles habitent ou qu'elles traversent les surveillances les plus actives. Il est trop certain que les agents des mœurs ne peuvent être des anges gardiens, mais il appartient aux maires de révoquer ceux qui se font provocateurs, ceux qui se font les recruteurs du vice, ceux qui, par leur vénalité, assurent aux pauvres sujets de leur surveillance des immunités coupables et empêchent les répressions et les soins qui entravent, il est vrai, leur coupable métier, mais qui le rendent moins redoutable au public.

Toutes ces questions si graves, si délicates, que nous avons été bien obligés d'aborder ici, intéressent au plus haut point les honnêtes femmes de tous les partis; non qu'elles aient la curiosité de la boue ou du ruisseau, ou la tentation même sublime des conversions impossibles ; mais parce que ces questions touchent à la santé morale et physique de leurs enfants ; à la leur même, bien trop souvent hélas ! Mais parce qu'il s'agit en tout ceci de la vie même du pays, que les statistiques sont effrayantes et que si on n'arrive pas à enrayer les progrès du mal, c'est la nation tout entière qui sera atteinte; et que dès à présent elle se trouve menacée.

IV

Le maire a des attributions plus aimables. Il préside au mariage civil et y fait des discours, il préside la commission scolaire. Cette commission se compose dans chaque commune, outre le maire, d'un certain nombre de conseillers municipaux et d'un délégué de l'inspecteur d'Académie et de l'inspecteur primaire.

Les commissions, il est vrai, n'ont aucun droit d'inspection sur les établissements scolaires, mais elles veillent à l'assiduité des enfants, à l'hygiène des locaux; elles peuvent créer dans les communes des écoles primaires supérieures, des écoles professionnelles, des écoles d'apprentissage, les subventionner, les doter; ces commissions peuvent assurer la neutralité de l'école, empêcher les pressions et les atteintes à la liberté des pères de famille et faire que les souliers ou les secours municipaux soient exactement répartis entre les enfants, à quelque école qu'ils appartiennent et quel que soit le vote des parents.

Le maire a aussi l'inspection des denrées pour en assurer la fidélité, le bon poids et la salubrité. Les ménagères et les maîtresses de maison qui se plaignent toute la journée de la mauvaise foi des marchands, des exigences injustifiées des fournisseurs trouveront certainement qu'il y a, de ce côté, quelque tentative intéressante à faire.

Mais si le maire veille sur les vivants, par tous ses soins multipliés, les morts eux-mêmes n'échappent pas à son administration. Les pompes funèbres font leur service sous sa surveillance et c'est lui qui assure le bon ordre et la décence des convois et des cimetières. A ce titre, il dépend de lui de laisser à ses administrés la douceur d'accompagner leurs morts, croix et clergé en tête, et la consolation des dernières prières au champ du repos à quelque religion qu'on appartienne. Souhaitons qu'il étende sa sollicitude, comme il en a le droit, autour de ces enceintes sacrées, tenues comme il convient, préservées des violations et des attentats, environnées du respect qui doit veiller sur les tombes, les préserver du contact de certaines grossièretés, devenues odieuses quand elles s'étalent avec cynisme. Comment laisse-t-on des cabarets s'ouvrir en face des champs funèbres, avec des enseignes telles que celle-ci par exemple, qu'on peut lire à Paris, en face de la Morgue, sur un débit de boissons : « On est mieux ici qu'en face. »

V

Une des plus importantes fonctions des municipalités est l'assistance aux indigents, sous toutes ses formes. Qui osera dire que cette œuvre n'intéresse pas les femmes alors que, depuis toujours, elles se dévouent à elle et lui ont donné tout leur cœur. Essayer de toucher de leurs mains délicates les misères humaines pour les soulager et les guérir, n'est-ce pas leur rôle?

Le conseil municipal forme le bureau de bienfaisance et la commission des hospices dont le maire est le président et qui se composent d'administrateurs élus par le conseil municipal et d'administrateurs choisis par le préfet.

De plus : le bureau de bienfaisance aussi

bien que la commission des hospices sont des personnes civiles, qui acceptent ou refusent les legs qui sont faits aux pauvres, prélèvent des taxes sur les spectacles et les fêtes diverses sous le nom de droit des pauvres, encaissent le tiers des produits des concessions dans les cimetières, etc...

Le conseil municipal peut subventionner ces institutions qui distribuent ensuite à domicile les fonds dont elles disposent.

La commune supporte 1/5 des frais de l'assistance aux enfants et de 20 p. 100 à 90 p. 100 des frais de l'assistance médicale gratuite ; elle participe à l'assistance aux vieillards.

Il s'agit de veiller sur toutes ces assistances, d'empêcher le fonds commun qui y pourvoit de devenir un fonds électoral, de supprimer les inégalités qui, en pareille matière, deviendraient promptement des illégalités criminelles. Qu'importe l'opinion et le drapeau de celui qu'il faut secourir !

C'est le plus malheureux qui est le plus intéressant.

Ce point de vue n'est pas pour nous dispenser d'étudier les causes du paupérisme. Il en est qui ne dépendent de personne et sont au-dessus des possibilités d'existence, telles que les inondations, les incendies, les mauvaises récoltes. On y fait face comme on peut exceptionnellement. Quant aux habituels candidats aux secours, ils doivent, ce semble, se ranger en deux classes : 1° ceux qui ne peuvent pas travailler et parmi eux les malades et les aliénés ; 2° ceux qui ne veulent pas travailler.

Autant il paraît que les œuvres d'assistance ont à s'occuper de ceux de la première catégorie, autant il est regrettable que ceux de la seconde soient secourus. N'est-ce pas au dépens des autres? Si par exemple le vieillard paresseux et imprévoyant que ses enfants pourraient aider à vivre puise dans les fonds publics, que restera-t-il pour le pauvre diable, que des malheurs immérités ont dépouillé de l'épargne amassée par son travail mais qui n'intrigue pas et demeure inconnu du marchand de vin.

Je sais bien qu'on parle aujourd'hui du droit à l'assistance et du droit au travail. Bien que nous ne croyons ni à l'un ni à l'autre et que nous pensions avec bien des gens sensés que le temps fera justice de ces utopies, ce n'est là qu'une raison de plus de surveiller l'application des dispositions légales qui ont l'air de reconnaître ces droits aux secourus.

Il ne faut pas qu'elles deviennent les primes au vice et à la paresse, il ne faut pas qu'on en profite pour dénaturer la nature de l'assistance et la détourner dans un sens politique des chemins où elle doit marcher et où la politique n'a rien à voir.

C'est un des aspects les plus encourageants de la question du vote municipal pour les femmes : elles n'aiment pas la politique et il y a chance qu'elles parviennent à la chasser des domaines de l'assistance, où la justice et la charité doivent régner seules.

On l'a compris ainsi en Angleterre où dans la plupart des communes, ces administrations sont aux mains des femmes. On l'a compris ainsi dans la France libérée où le conseil municipal de Metz compte plusieurs membres féminins et une femme adjoint[1]. C'est elle qui est chargée plus spécialement de l'assistance.

N'aura-t-on pas les mêmes conceptions dans ces communes martyres du nord de la France, où le maire, emmené en otage ou tué par les barbares, sa femme a continué ses périlleuses fonctions et veillé en pitié, compassion au péril de sa vie sur les malheureuses populations opprimées ?

1. Journal *le Temps* du 26 novembre.

CHAPITRE VIII

VOIES ET MOYENS

I

Pour avoir essayé de prouver que la femme a un devoir à remplir (direct ou indirect) vis-à-vis du suffrage universel, que beaucoup de questions familiales et sociales la concernent et l'intéressent de très près, je me vois déjà suspecte de partialité dans la question du suffrage féminin et chargée de tous les péchés d'Israël ; en l'espèce, de tous les méfaits des suffragettes !

Qu'on me permette donc de me replacer au point de départ de cette étude, qui est simplement le fait très probable et très prochain de l'accession des Françaises au droit de vote, municipal d'abord, complet dans un avenir plus ou moins rapproché. Nous avons laissé de côté, comme questions oiseuses, celle de nos préférences en la matière, celle de l'opportunité de la loi. Au contraire, nous nous sommes demandé :

1° Si la femme a intérêt, pour elle et les siens, à intervenir dans les affaires du pays, par son vote ou par ceux qu'elle peut influencer?

2° Si la femme, en admettant qu'elle soit investie du droit de suffrage, aurait le devoir patriotique et moral d'en faire usage?

Notre petite enquête, poursuivie avec le plus grand soin et la plus grande sincérité, nous apporte une double réponse affirmative. Tout devoir social et familial démontré devant être rempli par tous les moyens qu'on a en son pouvoir, tout intérêt légitime ne pouvant être négligé volontairement par une personne raisonnable, le bulletin de vote doit être utilisé pour le mieux, quelque difficile que soit son emploi, quelque discutable que soit le choix du temps où il nous est attribué. Mais faut-il attendre le moment même d'exercer le suffrage pour s'y préparer, pour décider ce qu'on veut faire et en prévoir les difficultés? C'est une question plus aisée que les autres à solutionner; la poser, c'est la résoudre.

C'est un défaut français d'arriver sur l'obstacle sans l'avoir prévu; et de compter sur la belle vaillance, les nobles sentiments pour suppléer au dernier moment à ce qui manque à la préparation. Pour savoir ce que cela nous a coûté, nous ne sommes pas corrigés; pour être avertis, nous ne nous mettons pas au travail. Exemple : le suffrage des femmes est à l'ordre du jour : on est pour ou contre, ou bien on n'y a pas encore réfléchi, car on a tant à faire! Cependant au premier jour, la loi peut passer, à la veille d'une élection municipale. Sera-ce alors le moment de se demander de quoi il s'agit et comment on va procéder? A la hâte, M. X... ou Mme Y..., seront pressés par leurs amis de se mettre en avant, de donner un mot d'ordre, d'indiquer des candidats, et surtout de faire des conférences et de demander des listes d'adhésions. On ne rencontrera que des femmes agitées répétant : « il faut voter, ma chère, il faut faire voter » ; et qui, le jour de l'élection, auront la migraine, ou une affaire, ou un étranger à recevoir, pendant que d'autres femmes qu'on a eu intérêt à mieux instruire, dont on a rempli l'âme de convoitises et d'excitations malsaines, marcheront vers les urnes avec ensemble. Ceux qui s'intitulent, le *parti de l'ordre* pourront enregistrer un désastre de plus.

Cependant, s'ils le voulaient, c'est un point initial de succès qu'ils devraient marquer, un point acquis pour la morale et pour les idées de famille. La grande majorité des Françaises est dévouée à ces principes, professe la soumission à l'état social établi et le désir de l'améliorer sans recourir à la violence. Elles sont le nombre ; et, dans une question de suffrage universel, c'est un avantage tellement décisif qu'il ne paraît pas loisible de le laisser perdre.

Cette grande armée féminine possède une autre bonne chance ; elle est exempte des soubresauts, des incompréhensions volontaires, des mauvaises fois, des trahisons que ses adversaires ont à surmonter, à tolérer dans leurs rangs. Il ne s'agit pas d'ailleurs dans notre camp, de renverser l'édifice, mais de le mieux asseoir et d'en assurer le confort et l'agrément. Et ceci donne le temps qui est aujourd'hui plus que jamais le meilleur des auxiliaires, peut-être le plus rare. On peut ainsi sérier les questions et les aborder l'une après l'autre ; de sorte que si on ne réussit pas du premier coup, on n'a pas à se décourager, mais à continuer un effort, qui, plus ou moins tôt, aboutira.

Non pas certes, sans difficultés ; la plus

grave peut-être vient d'une des qualités des femmes les meilleures et les mieux élevées, l'habitude de la soumission et de la discipline. telle qu'elle est encore imposée en France, par l'éducation, au plus grand nombre : d'où le manque d'initiative. On conçoit fort bien cependant une action très hardie et très personnelle produite par un être bien averti des limites fixées par la conscience et par les lois : et c'est à déterminer des actions semblables et des êtres capables de les accomplir qu'il faut s'appliquer.

Un autre obstacle à toute entreprise politique autant qu'à toute action sociale est la division causée par les questions de personnes. Elles occupent une place regrettable dans toutes les discussions électorales et sont la principale cause des choix de plus en plus imparfaits qui en résultent. On affirme que lorsque les femmes s'y trouveront mêlées ce sera infiniment pire. On voit assez à quelles probabilités on fait ainsi allusion; les hommes suffisent très largement à faire en ce sens tout le possible et les questions de personnes, en matière électorale, sont de terribles pierres d'achoppement à tout bon travail. Les femmes s'y accrocheront-elles, autant que les électeurs l'ont fait jusqu'ici ? Ce serait un grand malheur, mais il ne paraît pas probable, au moins dans le plus grand nombre des cas. Moins âpres aux luttes de la vie, n'ayant aucune chance possible (de longtemps au moins) dans une carrière politique personnelle, il leur faudra moins d'efforts pour s'abstraire des raisons individualistes et des conditions contraires à la direction souhaitable d'une action électorale. Celle-ci doit être conçue en dehors et au-dessus des préférences personnelles, que ces préférences soient fondées sur des motifs d'ambition ou d'intérêt, ou sur des motifs passionnels. On ne fera jamais rien tant qu'on ne saura pas s'élever au-dessus des contingences de détail, jusqu'aux sphères plus sereines où l'intérêt général prime tout et devient la seule raison des choses.

Cet intérêt général ne saurait être oublié pour des ambitions personnelles ; d'ailleurs le désintéressement, le renoncement seraient une très favorable contre-partie de l'arrivisme des adversaires. Comme on deviendrait fort devant l'opinion publique et devant chacun des électeurs si l'on pouvait prouver qu'on n'attend rien du pouvoir que l'on se trouve avoir à choisir, ni place, ni pension, ni protection, pas même ce petit bout de ruban rouge qui est responsable de tant de sottises et de tant de petites lâchetés[1] ! Fort heureusement les femmes n'ont pas l'habitude d'y prétendre. C'est leur supériorité ; de même leur tact délicat, l'habitude qu'elles ont de ménager les caratères et les individus dans la vie de famille.

On pourrait aussi concevoir pour les

1. Toutes choses qui diminuent le plaisir que nos héros ont à le porter.

femmes une modestie plus grande que celle des hommes, dans le décompte de leurs aptitudes et de leurs capacités. On leur a répété si souvent, si longtemps et sous tant de formes diverses qu'elles étaient inférieures, qu'il semble qu'elles se contenteront volontiers de l'égalité avec leurs camarades masculins, sans qu'elles pensent être plus habiles et mieux douées qu'ils ne sont. Mais après tout, *cela n'est pas très sûr !*

Ce qui l'est trop, c'est que très peu de Françaises sont initiées aux choses de la vie publique, encore moins aux choses électorales. C'est une très grande lacune et un danger plus grand qu'on ne le croit. L'ignorance et le défaut de préparation ont déjà causé de grands maux à travers le suffrage universel masculin.

« S'il est, dit Charles Benoist, sur cette ingrate matière de la politique, un point sur lequel tout le monde soit d'accord, c'est que tout va mal, c'est que cela s'en va. » — (Voilà le bilan du suffrage universel après le long règne qu'il vient de vivre en France, enregistré par un esprit compétent et parlementaire). « Nous sommes en face d'une crise de l'état moderne. Le suffrage universel est mal conçu qui ne prévoit pas les deux espèces ; les aventuriers et les imbéciles[1]. » — Il ne prévoit pas davantage, à notre avis, les ignorants, pas plus qu'il ne prévoiera les ignorantes quand il s'appliquera aux femmes. Ce serait désolant si cette ignorance était sans remède et si rien ne pouvait suppléer à ce grave défaut ; mais on peut y remédier en *apprenant ce qu'on ignore* et tout aussi bien en *ne se mêlant que de ce qu'on sait bien ;* ces deux moyens sont à la portée de tout le monde.

Pour le premier, diverses associations féminines ont sagement décidé d'inscrire la question du vote des femmes à l'ordre du jour de leurs séances ; l'action sociale de la

1. P. 21. Firmin Didot, 1895.

femme, 17, rue de Chateaubriand a créé des cours sociaux pour préparer l'électrice à son devoir de demain. M. Joseph Barthélemy, professeur à la Sorbonne, a résumé la question l'hiver passé en quelques leçons faites aux Hautes Études, d'une manière à la fois très documentée et très impartiale. Pour ne pas l'être autant, *à beaucoup près*, les conférences données le dimanche sous le haut patronage de personnages féministes du monde radical, dans la même salle, constituent un effort intéressant et qui veut être mentionné, d'autant plus qu'il s'est étendu à quelques grandes villes de province. Il surgira certainement des livres, des tracts, des leçons propres à documenter les femmes qui voudront s'instruire. Pour beaucoup, le temps manque, l'habitude d'écouter et de lire, qui ne s'improvise pas, n'a pas été prise. Mais pour peu qu'on ait celle de réfléchir, et un grand nombre de femmes ne laissent pas de l'avoir à propos de leurs devoirs et de leurs intérêts ; pour peu qu'elles sachent vouloir ce qu'elles ont trouvé utile, elles sauront suffisamment voter ; encore mieux, si elles se renseignent auprès de celles dont les connaissances sont un peu plus complètes !

Par la réflexion on verra le but à atteindre ; par la volonté on trouvera le moyen de voter en vue de ce but, par la parole (et qui pourrait en refuser le don aux femmes ?) on achèvera de s'éclairer et de s'organiser. Je suppose que ceci deviendrait beaucoup plus facile, si, au lieu de se demander dans une élection pour qui faut-il voter ? on cherchait à savoir pourquoi on veut voter ou pourquoi on doit voter, ce qui devrait être tout un. Plus ce pourquoi on veut voter serait succinct, résumé, clair, plus il serait pour le suffrage des femmes une bonne plate-forme. Qu'on me permette des exemples. Voici une mère de famille, victime de tous les maux amenés par l'alcool ; elle voudrait en affranchir son mari, elle veut en préserver ses fils ;

elle n'a pas à être savante, ni à connaître les lois pour savoir quel est l'ennemi ; elle n'a qu'à être malheureuse. Le bulletin de vote à la main, elle cherchera dans les candidats qu'on lui propose, pour les écarter, ceux qu'elle voit en passant accoudés sur les tables des cafés, protégés et protecteurs des bars ; elle demandera à ceux qu'elle trouvera mieux disposés s'ils veulent inscrire dans leur programme la sobriété qu'ils pratiquent, s'ils veulent lutter contre le fléau tout le temps de leur mandat, et elle leur donnera son suffrage *pour cette fois.*

Il en sera de même de l'ouvrière ou de la petite employée qui souffre journellement d'une injuste concurrence masculine : elle ne peut supporter d'avoir à travailler double pour gagner moins, elle veut obtenir à *travail égal, salaire égal*, tout en convenant dans certains cas, des appréciations de détail qu'elle est disposée à reconnaître. Elle saura très bien qu'elle n'a rien à espérer, pour appuyer ses revendications, des politiciens qui encaissent les appointements de leurs sinécures ; elle s'adressera à des hommes qui travaillent ou qui font travailler sérieusement, et les fera s'engager à défendre son désir par tous les moyens, leur faisant crédit *pour cette fois* et les assurant de sa fidélité s'ils remplissent leur mandat.

Si la femme, au lieu de s'inféoder à un parti ou à un autre, au lieu de voter sur un nom d'homme et une étiquette, et de souscrire à un programme qui s'étend à tout depuis la construction d'une gare ou d'un pont jusqu'aux rapports les plus délicats avec les puissances étrangères ; programme qu'elle est d'ailleurs incapable d'étudier et de comprendre, encore moins de juger ; si elle se borne à obtenir des candidats qui briguent ses suffrages qu'ils fassent triompher une de ses revendications, elle sera très capable de suivre les débats qui en seront faits. Elle pourra alors vérifier si on l'a jouée par des promesses vaines ou si elle a été bien servie par son mandataire ; dès lors elle se trouvera libre de confirmer sa confiance à son élu ou de le mettre par terre la première fois qu'il se présentera, soit à la même fonction, soit à une autre dépendante de sa voix.

On voit donc bien comment une ou deux idées claires au plus, bien définies, nettement exprimées peuvent servir de plateforme à une campagne électorale féminine. Aux votantes de les imposer à celui des candidats qui accepte de les faire siennes, de les mettre sur ses affiches et de combattre pour leur triomphe ; si les femmes arrivent à se grouper elles-mêmes, à s'organiser pour que la revendication imposée soit la même dans toute la France, au moins dans toute une région, elles auront fait le meilleur travail que l'on puisse accomplir en ce temps-ci, en fait d'élections.

On procède généralement de toute autre manière. Il faut que le candidat ait toutes les idées politiques de ses commettants ; dût-il rester sur le carreau, il faut qu'il réponde dans le même sens que ceux-ci à toutes les questions. Ces perfections presque introuvables ont le malheur de ne pas assez promettre, de manquer d'à-propos quelquefois ou de ne pas plaire entièrement, à quelque grand électeur. C'en est assez, c'en est trop ! on cherche ailleurs ; au besoin on s'abstiendra d'aller au scrutin. Le suffrage universel peut bien avoir un idéal, il permet rarement de le réaliser ; car son universalité, plus exactement son nombreux personnel n'est pas, ne peut pas être le fleuve noble et majestueux qui, malgré tout, coule droit vers la mer ; c'est un torrent encore sauvage et indompté, dont le cours est imprévu et sans digues bâties ; tantôt la fonte des neiges le grossit, tantôt le soleil d'été le dessèche, tantôt il passe par-dessus les obstacles pour tout dévaster. On est bien obligé, soit pour atténuer ses ravages, soit pour en obtenir une action féconde et bienfaisante, de le suivre et d'en tirer parti au jour le jour. Il faut changer de tactique suivant les saisons et les jours, et si on ne peut obtenir ce que l'on veut, se contenter de ce qu'on peut avoir.

Il vaut mieux empêcher l'action subversive qui détruira tout que de se compter vainement sur un nom d'élite ; il vaut mieux faire passer un homme qui fera quelque bien, que de s'abstenir sous prétexte que nous le souhaiterions capable d'en faire davantage. Ce n'est pas là ce qu'on appelle de l'opportunisme en politique, c'est du simple bon sens. Une femme qui ne peut avoir une belle robe se contentera, bien qu'à regret, de celle qui lui est offerte ; elle aura raison ; cela vaut mieux que de n'en pas avoir du tout.

En toutes ces choses, c'est du point de vue moral et familial qu'il s'agit. La femme s'en soucie autrement qu'elle ne fait de la politique, sur laquelle elle peut bien avoir une opinion, mais sur laquelle elle n'a guère d'intérêt à avoir une action. La politique n'a eu que trop de part en France à tout ce qui nous est arrivé de fâcheux. S'en occuper, y être docteur et prophète, c'est être dispensé, par le fait de cette science spéciale, de tout autre compétence et de moralité. Qu'ils aient ou non du jugement, de la réflexion et du bon sens, tout cela pour les candidats importe peu à leur parti. On voit même des personnes qui, après s'être livrées à la politique, une fois entrées dans un groupement cessent de s'appartenir et deviennent absolument différentes de ce qu'elles étaient auparavant. C'est ce que M. de Vogué dans *Les morts qui parlent* attribue au contact de nos assemblées politiques, à l'air qu'on y respire.

Si jamais les femmes avaient à y prendre place (ce qu'aucun de leurs vrais amis ne leur souhaitera), quelle que soit la durée de l'étape entre l'électorat et l'éligibilité et que cet espace de temps leur ait ou non permis d'obtenir la réalisation de leurs revendications les plus urgentes et les plus légitimes, il faut espérer du moins qu'à cette époque, la raison et la force des choses auront aboli l'esclavage actuel du candidat à son poste et à ses courtiers électoraux ; tout est présentement plié sous le joug de la politique des intérêts, de la politique des camarades !

II

On nous objectera que ces considérations, plus ou moins intéressantes pour la femme appelée au vote, ne mèneront pas à grand' chose. On pensera probablement qu'elles ont le grand inconvénient de ne pas commencer par le commencement.

Le commencement, en matière électorale, et d'ailleurs presque toujours dans une action commune, c'est une ligue et un comité, ou mieux plusieurs ligues et plusieurs comités ; réunion d'un bureau, élection à la présidence, fondation d'un budget, choix d'un local — et puis, quelques conférences par-ci, par-là, quelques quêtes pour les frais, etc...

Nous voilà bien : et on ne saurait aller

plus avant sans traiter sérieusement cette question. Ce sera plus ou moins heureusement car si je réponds de mon expérience et de ma sincérité, je ne saurais le faire de la valeur de mes arguments, quand je demande, au contraire, que la ligue et le comité, s'ils sont jugés nécessaires, soient un résultat, non pas un commencement, la canalisation et la concentration des idées, non le premier jet qui les fait surgir.

Les femmes ont l'habitude de la vie familiale et des relations d'intimité ; leur influence s'exerce dans un cercle restreint par une action douce, simple, continue. Elles ne font pas de discours, une estrade les effraie ; et combien plus une tribune !

Eh bien ! c'est à elles qu'il faut dire :

> Ne forçons point notre talent.
> Nous ne ferions rien avec grâce.

Il vaut mieux qu'elles conservent cette bonne grâce et la mettent au service de leurs convictions, comme de leur devoir, vis-à-vis du suffrage électoral en causant, en s'expliquant, en s'entendant d'amie à amie, de parente à parente, d'alliée à alliée. Qu'elles aient le courage de parler de leurs préoccupations sociales et familiales ; elles seront étonnées de les voir partagées, comprises par les femmes qui y ont pensé et n'ont pas osé le dire, de peur de paraître pédantes ; ou qui, si elles n'y ont pas encore pensé, seront saisies de l'actualité des sujets de conversation qu'on leur propose au lieu des frivolités quotidiennes.

Si toutes celles qui s'intéressent aux idées généreuses, qui cherchent à faire du bien autour d'elles, essayaient dans une action familière de tous les jours d'associer les autres femmes à leurs conceptions, de les élever vers les buts à atteindre, vers les positions à défendre, le point de départ ne serait-il qu'une unité, le résultat surprendrait tout le monde et dépasserait toutes les espérances. Cette entente commencée à deux ou trois, par des mises en commun de petits moyens, d'actions locales, de raisonnements pratiques, constituerait une base solide pour un mouvement plus étendu. Bien entendues, bien documentées, bien d'accord entre elles, ces femmes en verraient d'autres et concourraient ainsi à la formation d'une élite, de plusieurs élites pour chaque milieu féminin. On pourrait alors s'appuyer, étant un nombre, une valeur intéressante, sur un conseil connaissant les lois et les affaires que la généralité des femmes ignore trop , un conseil composé aussi de personnes capables de recueillir des renseignements indispensables à toute action publique.

C'est quand on aurait constitué ces organismes, quand l'action individuelle et l'action des élites aurait pénétré un peu partout, qu'une action publique pourrait être commencée par les procédés qu'on jugera les meilleurs : presse, conférences, cercles d'études, groupements, s'il y a lieu. Alors les discours et les ligues qui réussissent près de diverses personnes et peuvent en atteindre d'autres, qui ne sont pas accessibles autrement, pourront arriver à leur heure et utilement.

Mais commencer par là, quelle erreur! faute trop souvent commise et trop souvent nuisible. Que voit-on, en effet, la plupart du temps? Une personnalité quelconque rédacteur de journal, homme ou femme d'œuvres, propose un mouvement, demande des signatures; on s'adresse aux personnes de son entourage pour avoir des adhésions, et elles-mêmes, pour faire plaisir ou obliger, pour se ménager une relation mondaine agréable, se chargent d'une liste. Cela les intéresse plus ou moins, elles savent plus ou moins de quoi il s'agit; mais cela importe peu. « Vous savez, disent-elles, on ne peut refuser son nom à M. un Tel ou à Mme une Telle, encore moins à M. l'abbé un Tel; après tout, cela n'engage à rien. » Ou bien : « La cotisation est légère. » Ou encore : « M. X... ou Mme Y... ne sauraient patronner que des choses excellentes. » Et en dépit des ligues et des comités, en dépit même d'un certain élan de début, pour une idée qui plaît, mais qu'on n'a pas saisie faute d'explication, d'une part, et de réflexion de l'autre, l'œuvre avorte ou bien elle germe d'abord et se dessèche sans arriver à la fleur et au fruit. Ainsi se propage et, malheureusement, se justifie le renom de la légèreté française ! Malheureusement aussi dans les questions les plus graves, dans les listes de noms pétitionnaires d'une forme de la liberté de conscience, d'une réduction de la liberté de l'alcool, de la reprise de nos relations avec Rome, on n'obtient que des résultats dérisoires et qui feraient douter des sentiments de la majorité des Françaises si on ne savait comment tout ceci a été conçu, présenté, consenti.

Que le suffrage universel féminin ne s'expose pas à une semblable épreuve ni à un semblable et aussi ridicule échec ; que pour cela les femmes de bonne volonté qui se proposent de s'en servir pour le bien s'habituent à l'idée qui les surprend et les effraie encore un peu, et se mettent en marche pour la réaliser de leur mieux. Qu'elles se persuadent que cette marche ne se fera que pas à pas sur un chemin où l'on ne peut courir sans risquer de tout perdre ; sur un chemin montant, sablonneux, malaisé, où les six forts chevaux de La Fontaine manqueront souvent pour traîner le coche ; et où même la petite mouche du bon fabuliste, si elle intervient, risque de travailler contre nous et de nous piquer légèrement au lieu de nous souffler le courage.

Ce qui est sûr, c'est qu'il est grand temps de partir, si même nous ne sommes déjà fort en retard.

Mais la cause qui nous a mis en retard peut être aussi une raison de succès ; c'est l'admirable essor de la pitié française, c'est l'héroïque élan vers les œuvres de guerre qui ont occupé les meilleures forces féminines pendant ces dernières années. Si cet essor, si cet élan se portent vers les œuvres sociales, si les femmes s'appliquent à les appuyer de leurs suffrages, à soigner les institutions malades comme elles ont soigné les blessés, elles feront du suffrage universel un outil bienfaisant au service du devoir, du bon sens, pour le bon travail de la terre de France.

Nous aurions dans ce sens toute raison d'espérer; mais espérer n'est pas tout, il faut surtout agir, nous estimons que le raisonnement qui n'amène pas à l'action pèche par la base. La première partie d'un raisonnement doit commander la nécessité d'aboutir et de conclure juste; si ce qu'on nous propose n'est qu'une phrase d'école, si le but ne nous apparaît pas clair et désirable, à quoi bon discuter? A quoi bon discourir dans le vide?

Mais si, par exemple, nous savons que le suffrage universel se trouvant entre nos mains, il peut aboutir à un désastre ou à un triomphe ; si le genre de désastre qui nous menace nous est prouvé particulièrement redoutable, et le triomphe auquel nous aspirons plus désirable que tout autre, l'étude des moyens de réussir est l'étude même des moyens d'action que nous avons hâte d'employer et au service desquels nous mettrons toutes nos forces.

Dans un pareil cas, la mise en œuvre, c'est déjà le succès !

Cependant, en espérant du bien d'une action féminine dans le suffrage universel, en engageant à s'en servir, en estimant coupable l'inutilisation de ce moyen, il faut se garder de l'exagération. Le suffrage universel, alors même qu'il aurait une direction bien meilleure que celle du temps actuel, ne peut ressembler en rien à une panacée universelle !

« Il y a, dit Léon Lefebure, un grand danger à faire entrer dans l'esprit des masses l'idée qu'il existe un remède législatif aux plaies sociales et que tout ce qui est légal est légitime ; c'est l'erreur et le danger des démocraties. Les faits démontrent combien la contrainte à elle seule est généralement inefficace et combien tout ce qui ne s'appuie pas sur l'initiative privée, combien tout ce qui est administratif est artificiel, insuffisant et le plus souvent stérile. La loi ne peut pas tout, et d'ailleurs, elle cesse d'être la loi quand elle cesse d'être conforme à la loi suprême [1]. »

Combien d'hommes sont tombés dans de graves erreurs, en attribuant au pouvoir législatif une efficacité souveraine. C'est à la force, au renouvellement radical de l'état social par la violence que le prolétaire égaré, aveugle, demande une solution ; c'est par une répression énergique, c'est par des mesures législatives qui reposent en réalité sur la contrainte et sur la force que toute une école d'hommes politiques, d'écrivains, d'écono-

1. Léon Lefebure. *Le devoir social*, p. 3 de la Préface.

mistes distingués veulent remédier aux plaies sociales. De pareilles théories, insuffisantes à opérer le bien, dépressives pour tous ceux qui espèrent ou qui cherchent consciencieusement une solution ne sont propres qu'à multiplier les ferments de haine ; de pareilles recettes ne peuvent que donner lieu à des mécomptes lamentables et les satisfactions qu'elles paraissent apporter à quelques-uns sont même à la fin contre ceux-là. »

« Il faut compter aussi que pour la solution de n'importe quelle difficulté économique une loi uniformément appliquée à un pays entier ferait autant de mal que de bien. Il faut tenir compte des habitudes, des mœurs, des conditions de travail qui varient de localité à localité[1]. »

Comprenons bien et tâchons de faire comprendre qu'aucune forme de gouvernement, aucune loi spéciale, aucun élu ou élue ne

1. De Lanessan. *La concurrence sociale et les devoirs sociaux*, p. 84, Paris, Alcan, 1904.

peut d'un seul jet arrêter le mal et produire le bien absolu. Cela nous rendra plus facile d'accomplir sans découragement notre effort de chaque jour, de ne pas rêver l'impossible et de nous contenter d'avancer peu à peu. Mais il faut obéir à la conscience, à la raison, à l'humanité et à la loi divine. Toutes ces antiques et nobles pensées, il faut les unir à nos jeunes sentiments de commisération sociale, de progrès, d'intérêt bien entendu, de solidarité; puis, de tous ces éléments, sans nous illusionner, sans attendre de miracle, composer à la fois les remèdes et les espérances qui sont nécessaires au rapprochement des âmes et des activités.

Que si, conscients de notre impuissance, et des tâches qui sont devant nous, nous étions tentés d'abandonner le travail ou de compter sur une providence spéciale pour le parfaire à notre place, ce serait nous tromper aussi. Levons les yeux en haut, pour appeler Dieu à notre aide c'est un louable acte de foi, mais il ne faut pas se méprendre sur la nature de son intervention. Le Christ, pendant sa vie mortelle, voulait qu'on lui amenât les malades qu'Il guérissait.

Puissent venir bientôt les charitables amis qui sans compter leurs efforts et leurs peines descendront par le toit de la maison ébranlée les paralytiques et les endormis jusqu'aux pieds de Celui qui peut dire : « Levez-vous, prenez votre lit et marchez. »

IX

ÉNTENTE CORDIALE

Au nom de la France, les femmes, si elles deviennent électrices devront être plus que jamais fidèles à leur nature qui les dispose à concilier, à unir, à adoucir les caractères. Ce sont elles qui sont appelées à reconstruire tant d'humbles et aimables foyers dont le faisceau, un instant brisé par l'horrible guerre, formera dans un avenir prochain, le bel édifice de la patrie restaurée et rajeunie. Pour cette grande œuvre ce ne sera pas trop de tendre la main à tout ce qui est noble et grand dans notre pays, et de s'y appuyer ; ce ne sera pas trop d'invoquer le sentiment patriotique qui existe merveilleusement en ce temps-ci, et ne s'imposera pas moins dans l'avenir qui s'ouvre devant nous, après la guerre; il faudra encore user de tous les matériaux qui paraissent les moins brillants et les plus modestes; mis à leur place, ils serviront à la solidité, même à la beauté de l'ensemble. C'est-à-dire qu'il faut chercher avant tout un bon terrain d'entente pour la construction.

La femme veut et doit vouloir l'union sacrée. Qu'est-ce que l'union sacrée? C'est celle d'êtres conscients qui ont pu lutter entre frères, mais qu'un péril commun a réunis contre l'étranger. Ils se disent : Comment? nous ne nous connaissions pas! Nous avons presque la même âme et les mêmes traits; nous aimons la même mère : ceux qui l'attaquent, et seulement ceux-là sont nos ennemis. Nos querelles sont jeux d'enfant que nous viderons plus tard à armes loyales. — Notre seul vrai adversaire a été pendant ces quatre ans le monstre sanguinaire à casque pointu qui jetait sur nous ses flammes et ses gaz empoisonnés. — Réunis et serrés l'un contre l'autre nous l'avons combattu ; mais avant de le vaincre il a pu malheureusement nous opprimer, horrible oppression ! mais dont les effets n'ont pas tous été néfastes. Le nœud coulant que le boche avait passé à notre cou pour nous étrangler nous a tellement rapprochés sous son étreinte qu'à ce contact : *entre Français nous somm·'s devenus des frères.* Mais cette trêve pour continuer dans l'avenir demande une sincérité complète. Il faut avoir l'énergie de la faire respecter et de réclamer à chaque violation.

Cette union sacrée ne saurait être celle du loup et de l'agneau buvant à la même source pure il est vrai ; mais avec quelle différence de situation et de liberté ! Pardonner à l'ignorance, s'efforcer de la diminuer, être indulgent pour les préjugés, c'est le premier devoir ; ne pas croire, à moins de preuves irréfragables, à un parti pris de mauvaise foi, c'est le second. Mais le troisième est certainement, quand ce parti pris et cette mauvaise foi existent, d'en rechercher la cause et le plus souvent de réclamer la lettre de naturalisation plus ou moins récente, et la généalogie où quelque ancêtre tout proche hélas ! et tout boche ! donnera bien souvent la triste explication de toutes ces vilaines choses. Le pur sang français ! nous l'avons vu agir sur le front : l'instituteur et le curé, le noble et le paysan, le riche et le prolétaire ont su souffrir, mourir et vaincre ensemble. Le rabbin a approché le crucifix des lèvres mourantes qui le réclamaient et le croyant a donné le sang de ses veines pour le transfuser dans celle du libre-penseur. Comment parlerait-on de différences politiques entre de pareils cœurs ? Elles ne comptent plus !

Maintenant que la victoire, enfin venue, a ramené la paix, dans la gloire, le souvenir et le fait de cette admirable union seront conservés précieusement par les femmes françaises. Il leur appartiendra de réunir les mains en rappelant combien les cœurs ont battu les uns près des autres, et du même sentiment. Il leur sera donné de trouver et de résoudre les questions sur lesquelles l'accord peut se faire aisément au lieu de celles qui pourraient ranimer les divisions endormies.

Nous ne parlons pas de ces divergences de vues inévitables, nécessaires à l'émulation et au progrès ; inévitables entre les personnes intelligentes, différentes de milieu, d'aptitudes, d'intérêt ; nécessaires, car c'est de la discussion et du choc des idées que celles-ci jaillissent et progressent ; de là aussi que découle toute l'utilité des raisonnements. J'ai connu une femme fort distinguée, qui lisait chaque jour six ou sept journaux d'opinion différente de la sienne. « Je pense tellement comme mon mari, disait-elle, que les conversations politiques qui le passionnent seraient sans intérêt pour lui, si je ne pouvais lui dire : cependant tel journal objecte, ou bien, M. un Tel allègue. Même dans ces discussions amicales, le tact délicat des femmes et leur intervention pourra rendre de grands services en empêchant de s'égarer jusqu'à la dispute, en recueillant les idées justes et en les faisant valoir et concourir à la bonne entente et à l'apaisement.

Mais l'union sacrée dont on entend parler ici n'est pas une abdication de principes ; — elle ne saurait en sacrifier aucun ; la vérité, la justice ont un domaine inaliénable que les concessions ne doivent pas amoindrir. Aucun de nous n'a voulu de la paix honteuse achetée à prix d'argent, pas plus que de celle qu'on voulait nous arracher par le morcellement de la patrie. Pas davantage aucun de nous ne voudrait d'une paix sociale obtenue par des lâchetés de conscience ou par des manœuvres louches et déloyales. Très volontiers, nous qui croyons à l'Évangile, nous donnerons notre vêtement à celui qui nous demande notre manteau, mais s'il nous demande de tromper, de mentir, d'agir pour le mal ou de le laisser commettre sous notre nom, nous aurons d'autant plus de force pour résister que notre volonté de bon accord est allée plus près des limites.

La femme chrétienne et française, tout en affirmant ses convictions n'entend pas les atténuer, mais les porter dignement. Si elle ne cherche à les imposer à personne par la violence, si elle tolère la contradiction, c'est qu'elle est pleine d'indulgence, d'amour même pour ceux qui ne pensent pas comme elle, ce n'est pas qu'elle puisse jamais douter de la vérité qu'elle possède. Assise sur le roc qu'elle sait inébranlable, elle sourit à ceux qui cheminent encore, elle les compte pour frères et leur tend la main, elle respecte leurs opinions et leurs pensées, mais elle ne se met pas à leur suite, et ne se cache pas sous leur ombre. Voilà l'union sacrée qu'il faut proclamer, affirmer et soutenir. Il y a plus, entre les femmes même, elles devront établir cette union sacrée et cette entente; c'est une entreprise hardie et une tâche difficile, même dans la grande armée du Bien, il n'est pas commode de faire admettre la diversité des armes et des uniformes : il n'y a de bon que celui que l'on a l'honneur de porter; comme si la différence des moyens pour parvenir au même but n'était pas un aliment de succès en multipliant les bonnes créations! Dans la ville que j'habite, le Président d'une des Croix-Rouges foudroyait toutes les autres branches de l'œuvre de son souverain mépris. La guerre est venue, et les trois Croix-Rouges, admirables d'effort, de dévouement, disons d'héroïsme, ne peuvent suffire à la tâche. Que serait-ce s'il n'y en avait qu'une seule?

Il faut admettre aussi la diversité des chefs, car il y a des personnes très bonnes, très utiles, qui aiment le galon, et ne se dévouent tout à fait que là où elles peuvent commander un peu. Armes, habits, panache, tout est bien de ce qui aide au but, pourvu que celui-ci ne soit ni oublié ni méconnu.

Voici les syndicats féminins de travailleuses ; les uns s'adressent d'abord à la conscience catholique et ne forment qu'en second lieu le groupement professionnel ; les autres laissent de côté les questions religieuses, sans oublier de les saluer au passage, et ne s'occupent que de réunir sous une bannière de liberté, des femmes d'un même métier pour la revendication de leurs intérêts dans l'ordre et dans le droit paisibles.

Voici encore des œuvres de secours mutuel. Les adhérentes sont de toutes nuances, de toutes opinions. Elles veulent la sécurité pour leur pain de chaque jour et pour leur épargne (ce qui est une des meilleures actions sociales et qu'il faut le plus encourager pour l'avenir du pays), et la protection du droit de propriété.

Voici les assurances pour la vieillesse et les caisses d'épargne : les unes appuyées sur les secours de l'État, les autres sur l'initiative privée, toutes développant un sens de prévoyance sociale qui manquait à notre race depuis quelque cent ans; c'est-à-dire, depuis que les enfants sont moins instruits et moins pénétrés de leur devoir envers les ascendants, depuis que les vieillards ont oublié de plus en plus leur véritable mission sociale.

On pourrait choisir bien d'autres exemples de moyens divers concourant au bien, encourageant la production, assurant la vie. En attendant que le fleuve bienfaisant de cette vie intense révèle dans son cours les trésors de cette force morale et matérielle qu'il porte dans ses flots, il peut se trouver des mains qui suppriment les obstacles que les eaux peuvent rencontrer et qui leur creusent un doux chemin de sable. C'est ainsi qu'avant de connaître les trésors de la houille blanche, l'organisation des chutes d'eau et des forces motrices, l'homme avait endigué par de magnifiques travaux les cours d'eau, creusé leur lit et construit leurs bordures de quais.

C'est ainsi que les femmes doivent essayer de promouvoir tous les genres de conciliation : « la conciliation entre la liberté et l'autorité ; la conciliation entre l'élément individuel et l'élément social, le groupement social des intérêts substitué à l'isolement de l'individu. La conciliation entre les droits et les devoirs de chacun, soit le développement de la morale, de la fraternité, du désintéressement et de l'amour, substitué à la morale de l'égoïsme et de l'intérêt personnel[1]. »

Pour que ces conciliations soient vraiment heureuses et solides, il faut qu'elles soient l'œuvre de volontés fortes, entreprenant

1. Prins. *L'Organisation de la liberté et du devoir social*, p. 34. Bruxelles, Falk et Cie, 1895.

librement leur tâche de justice sociale et de charité, et répondant à l'universel besoin d'harmonie, d'unité systématique par la réalisation de cet idéal, que nous avons fait dépendre d'une conception élargie du devoir social : le développement moral et intellectuel, de l'humanité. Au lieu d'exaspérer les luttes, il faut les atténuer, au lieu de laisser dire aux promoteurs des méthodes révolutionnaires : « *Créez un monde nouveau et une nouvelle humanité naîtra* », il faut montrer les bons côtés des choses existantes et les moyens de les réformer par la douceur, par l'indulgence envers les personnes et la patience dans les procédés[1].

Quand on aura prêché aux classes bourgeoises le respect du travail et l'éducation

1. Au lieu d'encourager ceux qui se cramponnent obstinément aux traditions du passé, niant les problèmes actuels pour se dispenser de les résoudre et se refusant à tout ce qui est nouveau, il faut avoir le courage d'affirmer les progrès incontestables et les belles clartés des temps modernes et les admirables énergies, la valeur héroïque des jeunes générations.

des enfants dans ce respect — il restera à pénétrer les classes ouvrières du sentiment de leur dignité, de leurs devoirs, du respect de la propriété. On ne les rapprochera les unes des autres qu'en les élevant, en les pénétrant de ces hautes idées qui ne s'épanouissent que dans une âme saine, de même que les fleurs des sommets ne vivent que dans l'air pur.

En matière d'élection toutes les théories d'union peuvent au premier abord paraître paradoxales. Elles ne le sont pas, car s'il y a une multitude de terrains d'entente, il y a aussi une foule de choses que l'on peut amener au même résultat quoiqu'on n'entreprenne pas la conquête par les mêmes raisons; on les veut tout de même avec la même ardeur. Exemple: les travailleuses réclament la semaine anglaise; les unes font de cette revendication une partie de leur campagne contre le patron; d'autres, tout en regrettant de lui causer de l'embarras, ont besoin de quelques heures de liberté pour le travail familial le plus sérieux et le plus utile, et ne peuvent avoir qu'à ce prix un dimanche respecté ; enfin il y a les radicaux qui veulent gagner à ce prix de la popularité, et des libéraux qui désirent cette disposition de loi comme une étape vers l'affranchissement de la femme. Bref, pour des raisons si diverses, *tout le monde* est d'accord. Il faut se hâter de saisir l'occasion de faire plaisir à *tout le monde*, tout en assurant plus de *bien-être* et de liberté aux femmes ouvrières.

Il faut, il faut ! que pouvons-nous, malgré nos bonnes volontés, malgré notre effort ? en face de maux si redoutables, des erreurs et des faiblesses de l'humanité ? Ce papier précieux, dont nous ne méconnaissons pas la valeur, mais qui est si petit, aura-t-il dans nos mains la puissance qu'il nous faut ? L'avenir le dira ; nous essaierons de nous en servir pour le mieux ! Avec quelques fils de laine que leurs quenouilles avaient filés, nos grand'mères ont fait point par point ces merveilleuses tapisseries qui racontent la vie de leur temps et tous les gestes de Dieu par les Francs. Avec le droit de suffrage exercé par elles et par les fils qu'elles auront élevés, nos filles travailleront aux œuvres de paix de l'avenir.

Leur effort de conciliation peut s'étendre jusqu'à l'entente cordiale avec les peuples alliés. Les femmes, qui, chez eux, sont entrées avant les Françaises dans la carrière qu'on ouvre maintenant à celles-ci, sont en possession de bons éléments, de sages dispositions, de projets utiles.

Une Anglaise de valeur[1] a dit en parlant des Françaises qu'elle aime et qu'elle apprécie : « Elles ne sont pas organisées encore. » C'est cette science d'organisation dont nos alliées donnent tant de preuves, que nous avons à apprendre d'elles. On peut s'en rendre

1. Dr Flora Murray précédemment au Claridge, à Paris, maintenant à l'hôpital d'Endell Street, Londres.

compte en étudiant des créations telles que la Y.W.C.A. (youngwomen christian association) la women's farm and garden union, le women's emergency corps, etc., etc... On peut aussi étudier la manière dont on se préoccupe en Angleterre du retard que le monde féminin du travail met à comprendre l'avantage des efforts communs; et, à cette occasion, unir les efforts français aux autres pour résoudre ce problème urgent, encore plus en retard ici que de l'autre côté du détroit.

Les Américaines ont aussi au point de vue social des idées qui réussissent, qui plaisent aux femmes du peuple, elles mettent une infinie hardiesse à les appliquer ; et pour garder davantage la réserve, la politesse des races latines, les femmes d'Italie n'en ont pas moins d'excellentes conceptions que nous pouvons adopter.

Ainsi, nos alliées peuvent contribuer à la défense économique que les femmes de notre pays ont déjà entreprise par les ligues d'acheteuses[1], défense qu'il sera nécessaire d'étendre et de fixer par des lois, si l'on veut sauver d'un autre genre d'invasion le territoire si laborieusement sauvé.

Enfin, toutes les femmes du monde doivent s'unir et ne faire qu'un cœur et qu'une âme quand il est question, comme à notre époque, des principes mêmes sur lesquels repose toute la civilisation chrétienne ; quand il s'agit de la religion, de la justice et du droit, de la famille et de la race humaine. De leurs bras enlacés elles défendront, elles préserveront leurs enfants; mais il faut bien comprendre que ce ne sera pas sans effort. Le temps des souhaits et des paroles, celui des rêves poétiques est loin de nous[2]. Cette heure, la nôtre est aux actes : l'héroïsme de nos armées a seul pu assurer la victoire : l'œuvre plus douce

1. Patria.

2. Même avec la paix, ce temps ne doit pas revenir.

et plus modeste, mais aussi laborieuse de la femme étendra cette victoire à la famille chrétienne, et aux milieux sociaux qui dépendent de son action.

FIN

TABLE DES MATIÈRES

CHAPITRE VII

CHAPITRE VIII

CHAPITRE IX

ÉVREUX

IMPRIMERIE CH. HÉRISSEY

4, RUE DE LA BANQUE

www.ingramcontent.com/pod-product-compliance
Ingram Content Group UK Ltd.
Pitfield, Milton Keynes, MK11 3LW, UK
UKHW012209240726
13966UKWH00002B/668